창업부터 **운영**까지
아무도 알려주지 않은

플라워숍 실무 매뉴얼

창업부터 운영까지 아무도 알려주지 않은
플라워숍 실무 매뉴얼

1판1쇄 펴냄 2023년 9월 25일

지은이 노하윤
사진 15studio 이현실

펴낸이 김경태 | 편집 홍경화 남슬기 한홍비
디자인 박정영 김재현 | 마케팅 유진선 강주영 | 경영관리 곽라흔
펴낸곳 (주)출판사 클
출판등록 2012년 1월 5일 제311-2012-02호
주소 03385 서울시 은평구 연서로26길 25-6
전화 070-4176-4680 | 팩스 02-354-4680 | 이메일 bookkl@bookkl.com

ISBN 979-11-92512-51-8 13320

출판사 클의 책을
만나보세요.

창업부터 **운영**까지
아무도 알려주지 않은

플라워숍 실무 매뉴얼

노하윤 지음

초심을 잃지 않고,
원칙을 세워 부지런하게

플로리스트로 업계에 종사한 지 17년, 플라워샵을 운영한 지 13년째입니다. 이렇게 짧지 않은 시간, 플로리스트로서 플라워숍을 운영하며 저 역시 늘 고민이 많습니다.

'과연 사입한 이 꽃들이 다 팔릴까, 안 팔린다면 얼마가 손해일까? 그럼에도 내 방식과 원칙을 계속 지키는 게 맞는 걸까?' 하는 것부터 최선을 다해서 완성한 상품이 고객 마음에 들지 않았을 때, 직원의 성장을 도와 어느 순간 손이 맞기 시작했는데 그만둔다고 했을 때, 비수기 매출까지. 아직도 힘들고 어려운 일이 많습니다. 그래서 이 책의 집필을 제안받았을 때 망설였습니다.

그럼에도 출간을 결심한 건, 좋은 실력과 안목이 있음에도 현실의 여러 난관을 극복하지 못해 끝내 플라워숍 문을 닫았던 분들과 플라워숍에 대한 부정적 편견을 만드는 일부 플라워숍들이 떠올랐기 때문입니다.

플로리스트 창업반을 수료하고, 곧장 자기 가게를 열었지만 자신의 실력으로 감당할 수 없는 일임을 깨닫고 닫았다던 분. 꽃꽂이 실력이 뛰어나 클래스 운영을 중심으로 창업했다가 수강생을 안정적으로 유지하지 못해 매출이 불규칙하여 폐업했다는 분. 초기 자본을 크게 투자하면서 여유 자금이 없어 결국 버티지 못한 분 등 마음 아픈 일이 너무 많았습니다.

이뿐만 아니라 겉모습은 정말 멋진 곳이었으나, 막상 안으로 들어가보니 꽃을 보관하는 유리병 세척이 제대로 되어 있지 않고, 바닥에는 꽃 줄기나 잎이 널브러져 있었으며, 도구를 뜻대로 이용하지 못하는 모습을 보기도 했습니다. 이렇게 관리가 되지 않으면 결국 품질 저하로 이어져 고객들은 꽃이 '돈 주고 사기 아까운 비싼 것'이라는 인식을 갖게 될 수 있어 무척 안타까웠습니다.

그래서 두서없는 조언이 아닌, 플라워숍의 창업부터 운영까지, 실무자가 만나는 여러 문제들을 한 단계 한 단계, 이 책에 정리한다면, 누군가에게는 반드시 도움이 될 거라고 생각했습니다. 물론 저도 제가 정답은 아니라고 생각합니다. 그럼에도 제가 쉼 없이 일하며 경험을 통해 깨달은 플라워숍의 '기본'을 이야기하고자 노력했습니다.

1장에서는 입지와 규모, 예산, 인테리어, 계약 등 창업 전에 가장 궁금해하는 부분과 무엇보다 중요한 마음가짐을 이야기하였습니다. 2장에서는 플라워숍의 주인공인 꽃, '절화'를 어떻게 고르고, 컨디셔닝하여 상품으로 만들어야 하는지 다루었습니다. 3장에서는 플라워숍 매출의 숨은 주역인 분화를 다루었습니다. 절화와 마찬가지로 구매처, 부자재뿐 아니라 고르고 관리하는 법을 담았습니다. 4장에서는 일과를 운영하는 법, 고객 응대 방법, 직원 관리 원칙 등을 이야기했습니다.

앞서 말씀드린 것처럼 '기본'을 다루고자 했기 때문에, 실제 현장에서 식물을 다루는 분들께 2장과 3장에서 선보이는 상품 제작에 관한 설명은 개성이 부족하다고 느껴질 수 있습니다. 이 책에서 소개한 방식을 바탕으로 자신만의 개성을 더해 멋진 상품을 만들어주시길 기대합니다.

마지막으로 꽃을 다루는 재미에 흠뻑 빠져 창업을 꿈꾸는 분이 계시다면, 플라워숍의 하루는 늦은 밤이나 이른 새벽에 시장으로 나가 무겁게 꽃을 사오는 것에서 시작된다는 것을 떠올려주기를 바랍니다. 꽃을 향한 애정과 더불어 사업가로서 자신의 최종 목적지를 설계하고, 앞으로 드는 비용과 과정, 시간을 상세하게 계획하고, 자신의 실력을 기르기 위해 부단히 노력할 준비가 되어 있다면, 그리고 단 한 송이라도 언제나 소중한 사람에게 준다는 마음으로 꽃을 다루겠다는 초심이 변치 않을 수 있다면 도전해보기를 바랍니다. 그리고 문을 열었지만 막막한 상황에 놓여 고민하고 있는 초보 사장이 계신다면, 다시 처음부터 시작한다는 마음으로 이 책에서 돌파구를 발견하기를 바랍니다.

플라워숍을 연다는 건, 꽃을 사랑하는 마음이 누구에게도 뒤지지 않아서일거라 생각합니다. 이 책《플라워숍 실무 매뉴얼》을 통해 저와 여러분이 더 오래 꽃을 만지며 플라워숍을 운영할 수 있기를 간절히 바랍니다.

2023년 여름

노하윤

Florist

차례

2장 절화 관리와 상품 제작

3장 분화 관리와 상품 제작

4장 매장 관리와 운영

일러두기

- 이 책의 외국어와 외래어 표기는 국립국어원의 외래어 표기법을 기준으로 한다.
  그러나 관용적인 표기는 그대로 살렸고, 상호와 상품명도 예외로 했다.
- 2장과 3장 "구매처"에 실은 상호나 상가 이름은 검색 편의를 위해 네이버 지도를 기준으로 한다.

1장

준비

1

창업 전 반드시 고려할 것

꽃을 좋아한다고 해서 누구나 플라워숍을 열 수 있는 건 아니다.
좋아하는 것을 넘어 자신의 일로 삼는다는 것이
어떤 의미인지 반드시 생각해보아야 한다.

우아한 취미생활처럼 운영할 수 있다는 환상은 버리라

단순히 꽃이 좋아서, 우아하게 차려입고 할 수 있는 일인 것 같다는 마음으로 시작하면 금세 후회한다. 우선 일과가 일정하지 않다. 시장과 화원마다 운영시간이 다르므로, 식물을 사기 위해 자정이나 새벽에 도매시장에 나가야 할 때도 있고, 한낮에 농장으로 가야 할 때도 있다. 온라인 주문도 가능하지만 직접 시장에 방문해 선별해야 좋은 절화와 분화를 들여올 수 있기 때문이다. 1인 사업자라면 절화와 분화를 사서 직접 가지고 와야 하며, 무거운 대형 화분이나 흙 포대를 들고 날라야 할 일도 많다. 식물을 손질할 때는 손을 베거나 손목을 삐끗하는 등 다칠 위험도 있고 공구도 써야 한다.

일이 몸에 익기 전에는 영업시간 전후로 준비하고 정리할 것도 많아서 하루 12시간 이상 일해야 하는 상황이 잦다. 컨디셔닝과 상품 제작으로 지친 와중에도 고객을 맞으려면 앉아서 쉬거나 매무새를 단장할 겨를이 없다. 그렇게 피로가 쌓이고 고객 요구를 맞추느라 신경을 쓰다보면 플라워숍 일이 중노동처럼 느껴질 것이다.

꽃은 필수 소비재가 아니다

점점 바뀌는 추세이긴 하지만 여전히 '꽃 구매 = 사치'라는 인식이 크다. 꽃 한 송이에 5,000원이라고 말하면 놀라는 사람도 많다. 많은 사람들에게 꽃은 생일, 졸업식, 개업 등 특별한 이벤트가 있을 때 큰마음 먹고 사는 소비재다. 그렇기에 꽃을 다루는 기술력과 포장 방법이 발달해왔으며 이에 따른 가격 인상도 필연적이었다.

소비자가 꽃을 사치가 아닌 의미 있는 재화로 느끼게 하는 것은 결국 플로리스트 몫이다. 빤한 말이지만 플라워숍에서는 고객이 만족할 수 있는 꽃과 다양한 디자인의 포장을 선보여야 하고, 이를 위해서는 전문성을 길러야 한다. 올

시즌의 트렌드 컬러에도 민감하게 반응해야 한다. 연말 시상식에서의 꽃다발 스타일과 드라마 같은 대중 매체에서 소품으로 비친 꽃을 체크해 바로 상품으로 적용할 줄 알아야 하며, 다음 시즌 유행도 예상해야 한다. 꽃 재배 기술도 나날이 발달하면서 과거에는 재배할 수 없던 꽃이 대중화되기도 하고, 꽃말도 바뀐다. 이런 변화를 남보다 빨리 알아야 경쟁력을 가질 수 있다.

고객은 프로다

과거와 달리 상품에 대한 고객의 미적 감각은 업계 종사자 못지않다. 따라서 플라워숍 입지와 주요 고객층을 파악하고, 적합한 가격대를 산정하여 상품을 철저하게 준비해야 한다. 고객을 돈으로만 보면 장기적인 운영이 어렵다. 세심한 서비스를 위해서는 고객을 대할 때의 매뉴얼과 규칙이 꼭 필요하다.

어떤 플라워숍을 열지 구체적으로 상상하라

어떤 고객을 만나고 싶은지, 절화와 분화 중 무엇을 더 판매하고 싶은지, 클래스를 운영하고 싶은지 등에 따라 입지 조건과 규모가 달라지고 그에 따른 예산과 운영비도 다르게 책정된다. 특히 플라워숍과 클래스를 여는 아틀리에를 한꺼번에 운영하고 싶어하는 예비 사장님들을 자주 본다. 그러나 플라워숍을 처음 연다면 하나에 집중하는 편이 좋다. 즉 플라워숍을 운영하고 싶은지, 아틀리에를 운영하고 싶은지 확실히 정하길 권한다. 물론 비수기에는 클래스를 운영해 수익을 늘려볼 궁리를 할 수 있다. 그러나 플라워숍의 크기가 수업 공간과 판매 공간을 따로 나눌 만큼 넓고, 직원을 고용해 업무를 분담한 것이 아니라면 권하지 않는다. 규모가 작으면 공간이 부족할 뿐만 아니라 운영시간을 다르게 하더라도 두 가지 용도로 활용하는 데 따른 불편함이 생긴다. 무엇보다 혼자 두 가지를 동시에 운영하면 정신적, 체력적 소모가 크다. 창업 목적과 방향성을 확실히 하고, 자신이 열고 싶은 플라워숍 콘셉트를 잡아야 한다.

충분한 준비 기간을 가지라

플라워숍은 유행에 따라 반짝 문을 여는 팝업 스토어가 아니니다. 어떤 플라워숍을 열지 대략 생각했다면, 시간을 충분히 갖고 주도면밀하게 계획해야 한다. 먼저 플라워숍의 위치와 규모, 콘셉트를 분석해야 한다. 다양한 입지 조건의 플라워숍에서 시간제로 일을 해보는 것도 좋고, 이상적으로 생각하는 플라워숍과 잘되는 플라워숍을 꾸준히 관찰하는 방법도 있다. 관심 있는 동네의 플라워숍들을 둘러보고, 폐점한 플라워숍이 있다면 폐점 이유를 분석하는 것도 도움이 된다. 그다음으로는 플라워숍의 대표로서 갖춰야 할 전문성을 키우는 일이다. 플로리스트로서, 원예전문가로서 공부는 끝이 없다. 시간을 들여서 쌓은 식물과 고객에 대한 경험이야말로 창업에 가장 큰 도움이 된다.

무조건 부지런하게 움직여 예산을 아끼라

꽃에 대한 전문성과 플라워숍 창업은 또 다른 문제다. 열심히 기술을 익히고 각오를 다져도 막상 자기 가게를 열려면 막막함이 생기기 마련이다. 이 책에서는 예산에 대한 구체적인 계획과 비용에 대해서 평균치를 언급했지만 완벽한 기준과 답이 있진 않다. 누구나 목 좋은 자리를 저렴한 임대료로 빌리고, 인테리어와 설비 가격을 최소로 낮춰 초기 예산을 줄이고 싶어한다. 좋은 자리와 가성비 넘치는 인테리어, 설비 등은 최대한 발품을 팔고 정보를 수집하는 수밖에 없다. 직접 돌아보고 관찰하며 끊임없이 비교 분석해야 한다. 온라인에서 신뢰할 만한 정보를 골라내고 실전에 적용할 줄도 알아야 한다. 상당한 시간이 필요하므로 시간을 아끼려면 부지런해야 한다.

지원받을 수 있는 나랏돈은 반드시 존재한다는 생각으로 지역창업센터, 창업박람회, 창업지원사업 등도 두루 살펴봐야 한다. 나라에서 지원하는 제도와 플랫폼, 소상공인 컨설팅이 많은 데도 불구하고 이를 적극적으로 알아보지 않고 은행 대출만 생각하는 사람들이 많다. 창업 후 1년은 수익이 나기 어렵기 때문에 벽돌을 쌓아 기반을 다지듯 인내해야 하는데, 이런 이유 때문에라도 창업 전 부지런하게 움직여 아낄 수 있다면 최선을 다해 부지런해져야 한다. 단, 마음이 조급해져선 안 된다.

2

전문성은 필수

플라워숍은 누구나 열 수 있고 자격증이 꼭 필요한 것도 아니다.
그런데도 '플라워숍 사장 = 플로리스트'라는 공식이 굳어진 이유는 뭘까?
꽃을 잘 알아야 플라워숍 운영도 잘할 수 있기 때문이다.
충분히 배우고 경험을 쌓은 다음 플라워숍을 열어보자.
여기에서는 전문성을 기를 수 있는 다양한 방법을 소개한다.

플라워숍을 여는 다양한 방법

A씨의 사례

국비 지원을 받을 수 있는 플라워 아카데미에서 취미반과 화훼장식기능사 과정을 수료했으며, 화훼장식기능사 자격증을 취득했다●. 이후 A씨는 동시에 세 곳의 플라워숍에서 파트타임으로 근무했다. 입지 조건과 사장의 성향에 따라 플라워숍들의 상품 구성과 운영방식이 모두 달랐다. 그만큼 A씨가 일하기도 쉽지 않았다. 그러나 A씨는 오히려 더 많은 경험을 할 수 있다는 긍정적인 마음으로 임했다. 처음에는 꽃 한번 만져보지 못하고 청소만 하고 퇴근하는 날들도 많았다. 하지만 어느 순간 청소도 단순노동이 아님을 알았다. 플라워숍에서의 청소법이 존재한다는 것을 깨달았고, 청소 요령도 자연스럽게 터득했다. 그렇게 1년 넘게 일하다보니 플라워숍의 열두 달 운영 흐름과 체계를 파악할 수 있게 되었다. 그리고 마침내 주택가에 8평짜리 작은 플라워숍을 열었다.

B씨의 사례

직장생활을 하면서 취미 삼아 회사 근처 플라워숍에서 플라워 레슨을 들었다. 1년 정도 레슨을 받고 나니 꽃에 애정이 커지고 플라워숍 운영을 하고 싶다는 의욕이 생겼다. B씨는 플라워숍을 열기 전에 일단 경험을 쌓겠다는 마음으로 직장을 그만두고 플라워 아카데미를 다니면서, 플라워숍에서 1년간 직원으로 일했다. 구직활동은 Daum의 '꽃사랑●●'이라는 카페에서 주로 했다. 그렇게 2년의 세월을 보낸 B씨는 조금 더 폭넓고 창조적인 경험을 쌓고 싶었고, 영국 플라워 스쿨에서 4주 단기 플로리스트 코스를 수료했다. B씨는 따로 자격증은 없었지만 그간의 경험으로 기본기를 다지고 자신이 추구하는 스타일도 갖게 되었다. 이를 바탕으로 오피스 상권에 9평의 플라워숍을 열어 5년째 운영 중이다.

● 고용노동부(hrd.go.kr)가 운영하는 직업훈련포털 HRD-Net에 접속하면 국비로 지원되는 직종별 구직 훈련과정이 있다. 그중에는 플로리스트 및 플라워숍 창업과 관련하는 과정도 매우 다양하다.
●● 꽃사랑은 국내 최대의 플로리스트, 꽃 관련 업무 관계자들의 커뮤니티다.

실무로 경험 쌓기

원예나 화훼를 전공하지 않고도, 관련 자격증을 따지 않고도 플라워숍을 성공적으로 운영하는 사람들이 많다. 그들의 공통점은 자신의 플라워숍을 열기 전에 다른 플라워숍에서 1년 이상 경험을 쌓고 노하우를 길렀다는 점이다.

관련 자격증을 보유했거나 유학 경험이 있다면 정규직 직원으로 취업하기 조금 더 수월할 수 있다. 관련 경력이 전혀 없어 여의찮다면 파트타임으로 시작해도 좋다. 드물지만 시간을 분배해 두세 곳의 플라워숍에서 동시에 파트타임으로 일하며 앞으로 차릴 플라워숍의 입지 조건과 강점을 찾고, 시장의 변화와 상황 대처 능력을 키울 수 있다. 무엇보다 최소 1년, 실무를 익히다 보면 전반적인 플라워숍 운영의 흐름을 파악할 수 있다. 월마다 취급하는 꽃과 식물이 다르고 기념일과 행사에 따라 성수기와 비수기가 나뉘기 때문이다. 정해진 기간은 없지만 짧지 않은 시간을 투자해야만 플라워숍을 열었을 때 실패할 확률을 낮출 수 있으며 기본기를 제대로 익힐 수 있다.

관련 전공 대학·대학원 진학

사실 플라워숍 운영자 중에 대학이나 대학원에서 관련 전공학위를 취득한 사람이 많지는 않다. 그러나 청소년기에 일찌감치 화훼 쪽으로 진로를 결정했거나 이론적으로 더욱 탄탄한 전문성을 갖추고 싶다면 대학이나 대학원에 진학할 수 있다.

국내에서 원예, 화훼를 교육하는 기관은 크게 대학, 대학원, 전문학원이 있다. 대학·대학원 교육에서 전공 분류는 크게 원예과와 화훼과로 나뉜다. 원예과는 과수학, 채소학, 화훼 디자인 등의 학문을 토대로 원예작물의 품종육성, 관리기술, 재배기술 등을 교육해 전문원예인을 양성한다. 화훼과는 관상용 식물의 이론과 관리, 디자인 등에 초점을 두며, 플로리스트로서의 능력을 키우는 데 목표를 둔다.

2~3년제 대학

연암대학교(스마트원예계열), 신구대학교(원예디자인과), 전남과학대학교(화훼원예과), 계원예술대학교(플라워디자인과)

4년제 대학

경희대학교(원예생명공학과), 한경대학교(원예생명공학전공, 식물자원조경학부), 서울여자대학교(원예생명조경학과), 삼육대학교(환경디자인원예학과), 서울시립대학교(환경원예학과), 경상대학교(원예과학과), 경북대학교(원예과학과), 목포대학교(원예과학과), 원광대학교(원예산업학과), 부산대학교(원예생명과학과), 영남대학교(원예생명과학과), 공주대학교(원예학과), 순천대학교(원예학과), 전북대학교(원예학과), 충남대학교(원예학과)

대학원

숙명여자대학교 문화예술대학원(라이프스타일디자인학과 화예디자인전공)
경희대학교 대학원(원예생명공학과)
수원대학교 미술대학원(화예조형학과)
영남대학교 대학원(원예학과)
단국대학교 대학원(환경원예·조경학과)
대구가톨릭대학교 대학원(원예학과)

해외연수 커리큘럼 이수

좀더 폭넓고 새로운 플라워 디자인을 경험하고 플로리스트로서 지평을 넓히는 방법으로 해외연수를 택하기도 한다. 보통 가드닝과 플라워 마켓이 발달한 영국, 프랑스, 독일의 플라워 스쿨이 잘 알려진 편이다. 그중에서도 영국은 세계적인 명성의 플라워 스쿨이 많아서 예비 플로리스트들이 가장 선호하는 국가다. 플라워 스쿨마다 커리큘럼이 조금씩 다르지만 2~4주의 단기 과정이 일반적이다. 그래서 두 달 이상 체류하며 두 곳의 플라워 스쿨 4주 과정을 경험하는 이들이 꽤 많다. 영어로 수업이 진행되기 때문에 기본적인 영어 회화 실력을 갖추고 꽃 관련 용어를 알고 가야 한다. 국내 물가와 비교해 수강료와 체류비가 비싼 편이다. 한 달 체류 평균 최소 1,000만 원 이상으로 넉넉히 잡아야 한다.

맥퀸즈 플라워 스쿨(McQueens Flower School)

맥퀸즈 플라워 스쿨은 1991년 설립되어 영국 왕실의 파티, 오스카 시상식, 고급 호텔과 명품 브랜드 매장, 유명인들의 결혼식 등의 꽃을 담당하며 일약 세계적인 영국의 럭셔리 플로럴 브랜드로 성장했다. 런던에 있는 플라워 스쿨은 비기너 코스부터 어드밴스 코스, 원데이 클래스부터 4주 코스까지 다양한 코스를 제공한다. 2019년 서울 청담동에 맥퀸즈 플라워 스쿨이 문을 열면서 굳이 영국에 가지 않고도 런던과 같은 커리큘럼으로 수업을 받을 수 있게 되었다.

제인 패커 플라워 스쿨(Jane Packer Flower School)

2011년 세상을 떠났지만 여전히 영국에서 가장 유명한 플로리스트로 손꼽히는 제인 패커의 이름으로 운영되는 플라워 스쿨이다. 현대적이고 우아한 플라워 디자인이 특징이며 모자 형태 플라워 박스인 햇 박스(hat box) 스타일이 유명하다. 플라워 스쿨은 원데이 클래스부터 전문가 과정까지 여러 커리큘럼이 있다.

지타 엘츠 플라워 아카데미(Zita Elze Flower Academy)

영국의 또 다른 유명 플로리스트인 지타 엘츠가 런던에서 운영하는 플라워 스쿨이다. 자연스러운 디자인을 추구하며 꽃 한 송이 한 송이를 수놓듯이 디자인하는 꽃 자수(floral embroidery) 기법이 이곳의 시그니처다. 4주 커리어 코스가 일반적인 코스이며 매달 개강한다. 런던의 플라워 스쿨 중 유일하게 기숙사를 운영한다.

카트린 뮐러 플라워 스쿨(Catherine Muller Flower school)

프랑스 파리에 본점을 둔 플라워 스쿨로 프랑스 유명 플로리스트인 카트린 뮐러가 운영한다. 카트린 뮐러의 플라워 디자인은 야생의 느낌을 살린 자연스러움을 추구한다. 파리 외에 런던, 뉴욕에 지점을 두고 있다.

국가기술자격증 취득

자격증이 있어야 플라워숍을 운영할 수 있는 것은 아니지만 자격증이 있으면 운영에 도움이 된다. 자격증을 취득하는 과정에서 꽃을 다루는 기본기를 다질 수 있으며 플라워숍을 대상으로 구직활동을 할 때 이점으로 작용한다. 플로리스트가 되거나 플라워숍을 운영하기 위해 갖추면 좋은 공신력 있는 국가기술자격증은 화훼장식기능사, 화훼장식산업기사, 화훼장식기사다.

화훼장식기능사

화훼류를 주 소재로 한 실내외 공간의 디자인, 제작 및 유지·관리 등 화훼장식 전문성을 필요로 하는 모든 업무의 수행능력을 검증하는 자격증이다. 플로리스트 관련 국가기술자격증 중 가장 기본이다.

응시 자격: 제한 없다. 필기시험과 실기시험을 통과하면 취득할 수 있다.

시험 정보: 연 4회, 필기와 실기 시험으로 치러진다. 합격 기준은 필기시험은 100점 만점에 60점 이상, 실기시험은 100점 만점에 60점 이상이다. 필기시험 과목은 화훼장식 재료, 화훼장식 제작 및 유지관리, 화훼장식론이며, 실기시험 과목은 화훼장식 디자인 실무다.

화훼장식산업기사

화훼장식기능사보다 좀더 심층적인 화훼 전문가 양성을 목적으로 한다. 취득 후 조경회사, 화훼종묘회사, 화훼육묘회사, 화훼경매시장 등에 진출하거나 플라워 아카데미 경영, 화훼 관련 기능 경기 대회 관리나 심사위원으로 활동할 수 있다.

응시 자격: 다음 조건 중 한 가지를 갖춰야 한다. 화훼장식기능사 취득 후 1년 이상의 실무 경력자. 동일 분야 자격 산업기사 취득자. 관련 전공 전문대 졸업자 혹은 예정자. 관련 전공 4년제 대학교 졸업자 또는 졸업예정자. 실무 2년 이상 경력자. 동일(유사) 직무 분야 산업기사 수준 기술훈련과정 이수자 또는 이수

예정자. 고용노동부령으로 정하는 기능경기대회 입상자. 외국에서 동일한 종목에 해당하는 자격을 취득한 자.

시험 정보: 연 1회, 필기와 실기 시험으로 치러지며 합격 기준은 필기시험은 100점 만점에 60점 이상, 실기시험은 100점 만점에 60점 이상이다. 필기시험 과목은 화훼장식 기획 및 매장관리, 화훼장식 상품 제작, 화훼디자인이며, 실기시험 과목은 화훼장식 실무다.

화훼장식기사

고도의 전문성을 가진 화훼류 디자인 및 관리기술 능력을 인증하는 자격증으로, 플로리스트 관련 국가기술자격증 중 가장 상위 단계다. 취득 후 기대 효과는 화훼장식산업기사와 동일하지만, 더욱 우대받을 수 있다.

응시 자격: 다음 조건 중 한 가지를 갖춰야 한다. 화훼장식산업기사 취득 후 1년 이상의 실무 경력자. 화훼장식기능사 취득 후 3년 이상의 실무 경력자. 동일(유사) 분야 기사 자격증 소지자. 관련 전공 대학졸업자 또는 졸업예정자. 3년제 전문대학 관련학과 졸업 후 1년 이상의 실무 경력자. 동일(유사) 직무 분야의 기사 수준 기술훈련과정 이수자 또는 이수예정자. 동일(유사) 직무 분야 산업기사 수준 기술훈련과정 이수 후 2년 이상의 실무 경력자. 동일(유사) 직무 분야에서 4년 이상의 실무 경력자. 외국에서 동일한 종목에 해당하는 자격을 취득한 사람.

시험 정보: 연 1회, 필기와 실기 시험으로 치러지며 합격 기준은 필기시험은 100점 만점에 과목당 40점 이상, 전 과목 평균 60점 이상, 실기시험은 100점 만점에 60점 이상이다. 필기시험 과목은 화훼재료 및 형태학, 화훼품질 유지 및 관리론, 화훼장식학, 화훼장식 디자인 및 제작론, 화훼 유통 및 경영론이다. 실기시험 과목은 화훼장식 디자인 실무다.

국제기술자격증 취득

보통은 실무 경력을 다년간 쌓고 국내 자격증을 취득한 경력자들이 국제기술 자격증을 추가로 취득한다. 감각과 실력을 키우는 일련의 과정이자 국제적인 플라워 행사와 대회에 참가하는 발판이 된다.

미국 AIFD(The American Institute of Floral Designers)

미국 플로럴 디자이너 협회인 AIFD는 1965년 미국의 플라워 디자이너들이 모여 만든 비영리 단체다. 현재 전 세계 약 1,400명에 달하는 플로리스트와 플라워 디자이너가 회원인 국제적인 플라워 디자이너 협회다. 이곳의 정회원이 되기 위해서는 파트너십 교육과정을 이수한 다음 필기시험과 실기시험을 치러 각각 80점 이상 받아야 한다. 실기시험인 PFDE(Professional Floral Designer Evaluation)는 1년에 한 번, 미국 현지에서 시행되며 총 다섯 가지(장례장식, 꽃꽂이, 부케, 바디장식, 종목 자율 선택) 항목을 4시간 동안 제작한다. 각 5점씩 총 25점 만점으로 20점 이상은 AIFD 자격을, 17점 이상은 CFD(Certificated Floral Designer) 자격을 취득할 수 있다. CFD는 국내에서도 취득할 수 있다.

독일 FDF(Fachverband Deutscher Floristen)

독일 플로리스트 협회인 FDF가 외국인에게 부여하는 플로럴 스타일리스트(Floral- Stylist) 자격증이 있다. 독일의 국가 공인 플로리스트는 플로리스트 마이스터(Florist Meister)라고 칭하지만 플로리스트 마이스터가 되려면 6년 이상의 실무 경력과 시험을 치를 수 있는 독일어 실력을 갖추어야 한다. 이런 이유로 외국인들에게는 시험을 완화해 마이스터 자격에 준하는 플로럴 스타일리스트 자격을 부여하는 것이다. 독일 내 FDF 12개 지부와 제휴를 맺은 국내 플라워 아카데미에서도 같은 방식의 교육 과정과 세미나를 접할 수 있으며, 독일의 플로리스트를 초청해 시험을 보고 해당 자격증을 취득할 수 있다.

일본 NFD(Nippon Flower Designers Association)

일본의 유일한 화훼공익사단법인인 일본 플라워 디자이너 협회에서는 3급, 2급, 1급의 플라워 디자이너 자격증을 발급한다. 학과시험과 실기시험으로 이루어져 있는데 일본어가 뒷받침되어야 응시할 수 있다.

3

전문성만큼 중요한 것

플라워숍 사장은 누구나 될 수 있지만
모두 오래 운영할 수 있는 것은 아니다.
꽃을 다루는 실력을 생각하기에 앞서
자신이 과연 플라워숍을 운영할 자질을 가졌는지
점검할 필요가 있다.

서비스 마인드

장사를 잘하려면 흔히 서비스 마인드가 있어야 한다고 말한다. 서비스 마인드란 고객에게 마음을 열고 서비스에 임하는 자세와 마음가짐이다. 이는 곧 고객과의 원활한 의사소통을 기본으로 한다. 어찌 보면 가장 쉬운 듯하지만 실전에서는 매우 어려운 부분이다. 고객과 의사소통이 원활하지 않으면 결과적으로 상품에 대한 기대치도, 완성된 상품의 만족도도 떨어질 수밖에 없다.

상냥한 인사는 곧 플라워숍의 첫 이미지다. 바빠서 혹은 타고난 말투나 성격 때문이라는 이유로 간혹 무심하게 고객을 맞는 사장과 직원이 있다. 그러나 인사조차 제대로 할 수 없다면 그 이후 절차도 난항을 겪는다. 플라워숍에서는 상품에 대한 상담이 필수이다. 따라서 열린 마음과 다정한 말투를 기본으로 한 소통은 고객의 의중을 파악하는 데 큰 도움이 된다. 적은 예산으로 풍성한 꽃다발을 원하는 고객이 있다고 할 때 서비스 마인드가 있는 플로리스트라면 단칼에 그 가격으로는 어렵다고 단정 짓지 않는다. 풍성하진 않아도 고급스러운 느낌으로 작은 꽃다발을 제작해드릴 수 있다고 하거나, 고급스러워 보이지 않을 수는 있지만 최대한 원하는 색상에 맞춰 풍성해 보이게끔 만들어드리겠다는 선택지를 내밀 수 있다. 플로리스트의 서비스 마인드란 단 한 송이의 꽃 포장도 정성껏 제작해 고객을 만족시키고자 하는 마음이다. 이 마음을 늘 지니고 있어야만 오래도록 운영할 수 있다.

성실성

일반적인 직장인처럼 9시에 매장 문을 열고 7시에 퇴근하면 '성실한 플라워숍 사장'이라 할 수 있을까? 그렇다고도 아니라고도 할 수 있다. 플라워숍을 운영할 때 '성실하다'라는 것은 단순히 매장 문을 여닫는 사이의 영업시간만을 의미하지 않는다. 늦은 밤이나 이른 새벽, 시장에 가서 대량의 꽃을 사고, 산 꽃을 영업시간 전에 컨디셔닝해야 하며, 영업시간에는 끊임없이 주문받고 상품을 제작해야 한다. 그리고 이 모든 과정은 고객과의 약속을 지키기 위해서 촘촘한 일정으로 돌아간다. 성실성과 책임감이 없으면 오랫동안 버티기 어렵다.

요즘은 플라워숍의 오픈 시간과 마감 시간을 유동적으로 변경하고 이를 SNS로만 알리는 곳들도 꽤 보인다. 그러나 꽃이 당장 필요한 사람들은 이를 일일이 확인할 수 없으며 그 시간을 맞추기도 어렵다. 시장을 다녀온다는 이유로 늦게 열거나, 재료 소진으로 일찍 닫는다는 것은 옳지 않다. 시장은 오픈 시간 전에 다녀오는 것이 적절하며, 재료가 소진되어도 처음 정해둔 마감 시간을 지켜야 한다. 고객이 나중에 구매할 꽃을 미리 방문해 예약할 수도 있으며, 플라워숍 앞을 오가는 사람들이 즉흥적으로 들어와 둘러볼 수도 있기 때문이다.

예술적 감각

꽃을 상품으로 제작하는 플로리스트, 식물을 보기 좋게 조합하고 배치하는 가드너들에게 뛰어난 심미안과 예술적 감각은 꼭 필요한 자질이다. 식물을 건강하게 보살피는 기술뿐만 아니라 누가 봐도 아름다운 상품으로서 식물을 재창조할 줄 아는 재능이 있어야 고객을 만족시킬 수 있다. 흔히 예술적 감각은 타고난다고 말하지만, 이에 대한 전제조건은 창조 활동에 대한 자신의 흥미 여부다. 어떤 색과 형태의 조합이 미적으로 뛰어난 효과를 내는지 당장은 몰라도 일단 무언가를 꾸미고 만드는 활동을 좋아한다면 꾸준한 노력을 통해 감각을 향상할 수 있다. 다만 많이 보고, 느끼고, 직접 체험하는 다채로운 경험으로 기본기를 다져야 하므로 긴 시간이 필요하다.

꽃을 잘 모르는데 플로리스트 직원을 뽑아서 운영하면 안 될까?

아예 백지인 상태로 플라워숍을 여는 사람은 없을 것이다. 다만 실무 경험이 적어서 운영이 걱정된다면 경험 많고 감각이 뛰어난 플로리스트와 같이 6개월이나 1년 정도 일하는 것이 대안일 수 있다. 서로가 영향을 주고받으며 상호보완적인 관계가 될 수 있다. 다만 수직적인 관계가 아닌 동등한 위치에서 의견을 나눠야 할 것이다. 자신이 사장이라고 해서 직원에게 모든 일을 맡겨서도 안 되고, 직원이 경험이 많다고 해서 운영의 주도권을 가져가서도 안 된다. 서로 배운다는 마음으로 협력하되, 운영자로서 앞으로 플라워숍이 추구할 방향과 분위기, 운영원칙과 주력상품 등을 명확하게 잡아가야 한다.

4

입지와 규모

플라워숍의 입지가 사업의 성패를 좌우한다 해도 과언이 아니다.
하지만 이 말이 번화가에 자리를 잡아야만 한다는 의미는 아니다.
상권에 따라 고객층과 주력상품이 달라지므로
입지 선정에 매우 고심해야 한다.

어디에 문을 열면 좋을까

주택가

주 고객: 주부.

고객 특징: 저렴한 가격에 풍성한 효과를 볼 수 있는 식물을 선호하며 화사한 꽃을 찾는 경향이 있다. 직접 찾아와 상담 후 구매하는 경우가 많아서 정확하게 정보를 전달하고 친밀하게 신뢰를 쌓아가는 것이 도움이 된다.

주로 찾는 식물: 관상용, 인테리어용 식물의 수요가 높다. 베란다, 집 앞 화단, 거실 등에 놓을 만한 관엽식물과 꽃을 피우는 식물 위주로 구매하며, 절화는 화병에 꽂아둘 용도로 한두 송이 사는 경우가 많다. 기본 화분, 흙, 재배를 위한 씨앗, 원예용품 등도 많이 찾는다.

운영시간: 11시~20시 전후.

운영 팁: 금방 시드는 식물보다 오랫동안 감상할 수 있는 상품 위주로 추천하는 편이 좋다. 또한 주택가에서는 플라워숍 앞을 항상 지나다니는 주민들을 단골로 만드는 노력이 중요하다.

오피스 상권

주 고객: 일반 회사원, 높은 직책의 비서들이나 회사의 각종 행사 담당자.

고객 특징: "0만 원에 맞춰서 해주세요"라고 주문하는 사람들이 많다. 그래서 어떤 용도로 꽃을 사는지 정확하게 파악하는 것이 중요하다. 대리 주문을 하는 경우도 많아서 실제 고객 취향을 아는 것도 필수다. 각종 행사에 쓰이는 상품 주문 시 정해진 시간 내에 배송해야 하며, 행사 콘셉트에 맞는 상품 제작에 신경을 써야 한다.

주로 찾는 식물: 기념일에 선물할 꽃다발, 책상 위에 올려둘 작은 화분, 승진 축하용 꽃바구니 및 동·서양란 화분, 회사 그린 인테리어에 활용될 크고 작은 식물 등.

운영시간: 8시~19시 전후.

운영 팁: 직접 방문하기보다 홈페이지나 SNS 등으로 살펴보고 전화 주문하는

고객이 많다. 평소 홈페이지와 SNS 업데이트를 자주 해야 하며 인수증(315쪽 참고)도 늘 준비한다. 상품을 주문해놓고 퇴근길에 찾아가는 고객이 많으므로 수령 시간 엄수 및 수령자 본인 확인 후 전달이 중요하다. 또한 상품과 함께 전하는 명함에 홈페이지 주소나 홍보 카피를 넣어두면 도움이 된다.

학교 주변

주 고객: 학생, 교사, 부모.

고객 특징: 저렴한 가격대의 상품을 찾는다. 비용 대비 풍성해 보이는 기념일용 꽃다발을 찾는 경우가 많으며, 책상 위에 올려둘 아기자기한 화분도 선호한다.

주로 찾는 식물: 기념일에 선물할 꽃다발, 책상 위에 올려둘 작은 화분, 수업에 쓰일 모종이나 씨앗과 흙, 교내 그린 인테리어에 활용될 크고 작은 식물 등 화분과 절화의 소비 비중이 비슷하다.

운영시간: 7시~17시 또는 12시~22시 전후.

운영 팁: 고가의 상품을 제작하기보다 합리적인 가격의 상품을 제작하고 때때로 할인을 하는 등 이벤트를 하는 것이 좋다. 학생들이 보자마자 살 수 있는 상품을 어필하자. 입학·졸업 시즌과 어버이날, 스승의날 시즌에 매출이 증가하고 방학 중에는 고객이 줄어들어 성수기와 비수기가 뚜렷하다.

유흥가

주 고객: 20~30대.

고객 특징: 즉흥적으로 상품을 구매하거나, 준비하지 못한 갑작스러운 선물용 꽃다발을 급하게 구매하는 경우가 많다.

주로 찾는 식물: 가벼운 꽃다발, 한두 송이 단위의 절화.

운영시간: 13시~1시 전후.

운영 팁: 구매가 즉흥적이기에 교환·환불에 주의해야 하고 특히 술을 마신 고객들과의 불확실한 의사소통에 주의해야 한다. 새벽 시장을 가는 때를 제외하고 늦은 새벽까지 운영하는 곳도 있지만, 인건비 부담이 있으므로 꽃자판기를 활용해 매출을 높이기도 한다.

공연장과 전시장 주변

주 고객: 청소년부터 중장년까지 다양한 연령대.

고객 특징: 가벼운 선물이 아닌 감사와 축하 인사를 전하기 위해 상품을 찾는 경우가 많아서 디자인과 식물 종류에 대해 다방면으로 소통하기를 원한다. 예약보다 방문 주문이 많은 편이다.

주로 찾는 식물: 축하 및 감사 용도로 전하는 꽃다발과 꽃바구니. 사진을 찍었을 때 잘 나오는 화려한 꽃다발이나 전시장에 놓았을 때 눈에 잘 띄는 꽃바구니를 선호하며 전시 테마에 따라 그에 적합한 디자인 상품을 많이 찾는다.

운영시간: 9시~20시 전후.

운영 팁: 전시회, 공연장 분위기를 어느 정도 파악해야 상품을 준비하는 데 도움이 되며 추천하기에도 좋다. 고객들이 상품의 제작 시간을 기다리지 않기 때문에 가격대별로 미리 만들어 놓아야 한다. 또한 전시장에 놓는 상품은 관리가 잘 되지 않으므로 관리에 신경 쓰지 않아도 오래 볼 수 있는 종류의 식물로 물처리 등을 신경 써서 제작해야 한다.

역세권

주 고객: 청소년부터 중장년까지 다양한 연령대.

고객 특징: 단골보다는 길을 가다 즉흥적으로 상품을 구매하는 고객이 많다. 친구를 기다리면서 문득, 길을 걷다 우연히, 인근에 방문할 곳이 있어 SNS나 지도 앱을 검색해서 찾아오는 경우 등이다.

주로 찾는 식물: 지인에게 선물하거나 자기 자신을 위한 기분 전환용으로 쓸 가벼운 꽃다발, 한두 송이 단위의 절화, 실내 인테리어용 작은 화분 등을 찾는다.

운영시간: 10시~22시 전후.

운영 팁: 어느 고객이나 마찬가지지만 지나가다 우연히 들른 고객이라 해도 정성을 다해 상품을 제작하여 감동을 주는 것이 좋다. 플라워숍의 디자인이 마음에 들어 이후에도 먼 거리에서도 일부러 찾아오는 단골이 될 수 있다.

이동형

주 고객: 20~30대.

고객 특징: 즉흥적으로 상품을 구매하는 고객이 많다. 친구나 연인끼리 걷다가, 누군가를 기다리다가 우연히 들른다.

주로 찾는 식물: 지인에게 선물하거나 자기 자신을 위한 기분 전환용으로 쓸 가벼운 꽃다발, 한두 송이 단위의 절화, 실내 인테리어용 작은 화분 등을 찾는다.

운영시간: 트럭형 16시~22시 전후. / 천막형 유동적(주말 낮시간).

운영 팁: 크게 트럭형과 천막형(플라워 마켓이나 벼룩시장 등에서 노점으로 여는 형태)으로 분류할 수 있다. 모두 큰 자본을 들이지 않고 특색 있는 플라워숍으로 홍보할 수 있는 장점이 있다. 그러나 기온과 장소에 따라 생화 관리가 까다로운 단점이 있고 유동 인구가 많은 역세권에 자리를 확보하는 일이 쉽지만은 않다.

온라인형

주 고객: 청년부터 중장년까지 다양한 연령대.

고객 특징: 직접 플라워숍 방문이 어렵거나 가격대가 부담스럽지 않은 상품을 찾는 이들이 많다.

주로 찾는 식물: 개업 축하용 화분, 승진 축하용 동·서양란, 기념일용 꽃다발, 책상 위에 올려둘 작은 화분, 인테리어에 활용할 크고 작은 식물 등.

운영시간: 주문은 상시 가능, 응대는 9시~19시 전후.

운영 팁: 온라인형은 대부분 기업형이며, 1인 창업자의 경우 오프라인 매장을 홍보하는 보조적 역할로 생각하는 것이 좋다.

입지 고를 때 체크할 것

□ 내가 잘 아는 동네인가?

자신이 사는 동네 혹은 자주 찾는 동네를 기준으로 상권을 지켜봐야 한다. 주로 지나다니는 사람들의 연령대는 어떠한지, 주변에 어떤 용도의 건물들이 있는지 등을 최소 3개월 이상 관찰하고 체크한다.

□ 꽃 수요가 있을 만한 상권인가?

입지가 주택가인지, 대학가인지, 오피스상권인지 먼저 파악하고 주변에 학교, 공연장, 전시장, 지하철역 등이 가까운지 조사해 꽃과 식물에 대한 수요가 있을지 검토한다.

□ 기존에도 플라워숍이 있던 자리인가?

플라워숍으로 실패한 자리인지, 잘되어서 다른 곳으로 확장 이전하느라 비운 자리인지 알아본다.

□ 주변 경쟁 플라워숍의 수를 파악했는가?

자리가 아무리 좋아도 소비인구는 한정되어 있으므로 경쟁업체가 많으면 매출을 늘리거나 유지하기 어렵다. 특히 주변에 오래된 경쟁업체가 많다면 더욱 피하자. 오래된 곳은 다 이유가 있다.

□ 재개발 예정이 없는지 확인했는가?

재개발로 인한 임대인의 퇴거 요구가 있을 수 있다. 기껏 자리를 잡았는데 의도치 않게 가게를 옮기는 불상사는 없어야 한다.

□ 가게가 골목 끝이나 오르막길, 공원 주변에 자리하는가?

메인 골목의 끝, 길모퉁이, 오르막길 주변, 공원 주변에 있는 상점은 사람들이 잘 들르지 않는다. 아무리 평수와 임대료 조건이 좋아도 재고해봐야 한다.

□ 주차가 가능한가?

주차가 어렵더라도 최소한 차를 세우고 물건을 실내로 옮길 수 있는 여유 공간이 확보되어야 편하다.

매장 크기는 어느 정도여야 할까

꽃냉장고와 작업대, 보관함 등 공간을 차지하는 설비와 플로리스트의 동선을 생각해 매장 규모를 정해야 한다. 꽃냉장고의 유무는 개인의 선택이지만 건식 유통이 특징인 우리나라에서는 절화를 꽃냉장고에 저온 저장해야 꽃의 수명을 늘릴 수 있어서 갖추기를 권한다.

꽃냉장고는 작은 쇼케이스부터 소형·중형·대형으로 사이즈가 나뉘고 실외기는 내장형과 외장형이 있다. 소형냉장고를 사서 운영한다면 그 규격이 가로 1,200 × 세로 800 × 높이 2,000mm이므로 적어도 그보다 4~5배 큰 공간이 필요하다. 즉 소형냉장고를 놓는다 해도 최소 6평의 규모는 되어야 한다는 계산이 나온다. 1인이 운영하는 플라워숍이라면 15평 미만이 가장 이상적이다.

	6~10평	15평 이상
특징	1인이 운영하기 적합한 크기다.	상품 제작과 판매, 클래스를 고려할 수 있다.
장점	번화가의 틈새 매장을 공략해볼 수 있으며, 혼자 운영하기에 가장 적합한 크기다.	기자재 배치와 수납공간이 여유롭고 클래스나 카페 등의 다목적 운영을 할 수 있다.
유의	기자재 배치와 수납이 관건이다. 운영자와 고객의 동선을 최대한 확보하면서도 상품 진열과 제작에 효율적일 수 있는 인테리어가 필요하다.	임대료와 인테리어 비용 등 초기비용이 많이 들 수 있고, 클래스나 카페를 겸하면 1인이 운영하기에는 벅차므로 인건비도 고려해야 한다.

콘셉트를 정해야 할까

과거에는 플라워숍의 콘셉트라고 하면 단순히 가게 인테리어를 뜻하거나 카페나 클래스 운영 여부 정도로만 생각했다. 그러나 최근에는 플라워숍이 뚜렷한 테마와 메시지를 갖고 세분된 상품들을 제공하며 어떤 가치를 전달하기도 하며 다양한 소비자를 만족시키고 있다.

꽃과 화분을 판매하는 단일매장 외에 플라워 카페나 플라워 스튜디오처럼 다른 서비스를 제공하는 복합매장으로 콘셉트를 잡는다면, 매장 규모부터 인력, 마케팅 전략에 이르기까지 플라워숍과는 다르게 준비해야 한다. 특성이 다른 두 가지 서비스를 한 공간에서 제공해야 하므로, 공간은 15평 이상 규모를 추천하며 각 파트에 최소 한 명씩 직원을 둬야 한다. 따라서 혼자서 10평쯤 되는 작은 매장을 운영할 예정이라면 복합매장 계획은 포기하는 것이 좋다. 대신 꽃에 집중해 분화와 절화 중 어떤 것에 비중을 둘지, 상품은 어떤 기준으로 들여오고 진열할 것인지 구체적으로 고민하는 편이 낫다. 다음은 최근 플라워숍의 여러 콘셉트를 몇 가지로 추린 것이다.

편집숍

특징: 운영자의 큐레이션으로 비슷한 분위기나 특정 주제에 따라 선별한 절화와 분화 상품을 판매하는 플라워숍을 말한다. '반려식물'을 기르는 젊은 층이 늘어나면서 많이 등장했다. 꽃 포장과 화분, 화기, 가드닝 용품 등도 식물 못지않은 주요 소품으로, 선별한 식물과 어울리는 것으로 맞춘다.

주 고객: 20~30대.

입지: 젊은 층이 많이 오가는 번화가(예: 카페 거리).

형태: 단일매장.

규모: 10평 이상.

아틀리에

특징: 상품 판매와 함께 공간 한쪽에서 클래스를 운영하거나 개인 작품을 전시, 경우에 따라 화보 촬영에 최적화된 스튜디오로 활용한다. 특히 몇 년 사이 클래스만 운영하는 숍도 많이 늘었다.
주 고객: 20~30대.
입지: 고객 주차 공간이 확보된 상권.
형태: 복합매장.
규모: 20평 내외.

마켓형

특징: 마트에서 장을 보듯 고객이 직접 식물을 선택할 수 있도록 다양한 상품을 진열하고 가격표를 붙여놓은 형태의 숍이다. 고객이 고른 절화나 분화를 원하는 디자인으로 제작해주기도 한다.
주 고객: 10~30대
입지: 번화가, 역세권.
형태: 단일매장.
규모: 15평 이상.

플라워 카페

특징: 꽃과 음료, 또는 음식 등을 같은 공간에서 함께 판매하는 형태. 대체로 꽃은 상품이기보다 인테리어 효과를 주는 역할을 하고 카페나 다이닝 바가 주력이 되는 경우가 많다.
주 고객: 전연령.
입지: 번화가.
형태: 복합매장.
규모: 15평 이상.

희귀식물

특징: 예전보다 식물에 대한 사람들의 관심과 정보가 깊어지면서 특정 식물만 취급하는 콘셉트의 매장이 늘고 있다. 아프리카나 남미 등 특정 지역의 식물을 다루거나 일반 매장에서 보기 드문 야생화 등을 판매한다.
주 고객: 30~40대.
입지: 무관.
형태: 단일매장.
규모: 10평 내외.

몇 명이 일해야 할까

쉽진 않지만 혼자서도 충분하다

운영 인력에 대한 선호도와 방식은 사람마다 다르지만 처음 플라워숍을 연다면 혼자 시작하는 것도 괜찮다. 무엇보다 혼자 시작하면 자신이 화훼 분야에서 무엇을 잘하는지, 또 어떤 취향을 가졌는지 쉽게 파악하고 이를 상품 제작과 숍 운영에 적용할 수 있다. 타협이 필요 없으므로 자신의 플라워숍으로 다른 숍과 차별화된 특색과 분위기를 살리기 쉽다. 무엇보다 장기적인 운영 면에서 볼 때 자기가 잘하고 좋아하는 것을 중심에 두어야 금방 지치지 않는다. 또 1인이 운영할 수 있는 최소한의 규모로 시작하면 재정적인 부분에서 리스크를 줄일 수 있는 점도 무시할 수 없다. 물론 동업이나 직원을 두는 것을 무조건 지양하라는 것은 아니다.

업무 분담하기에 적절한 인원은 두세 명

가게를 연 후 주문이 많아지거나 성수기에는 혼자서 모든 업무를 처리하기 힘들 수 있다. 가게 규모와 시기에 따라 다를 수 있지만 일반적인 플라워숍 기준에서 업무를 분담하기 적절한 인원은 두세 명이다. 플라워숍 사장은 물건을 사고, 거래처를 관리하는 등 전체적인 일을 관장한다. 보통 사장이 회계·정산 업무를 비롯해 전화 주문, SNS 관리 등 홍보 업무도 하지만, 주문이 많으면 사무 직원을 뽑아 맡기기도 한다. 플로리스트 직원은 플라워 상품을 컨디셔닝하고 제작하며 고객을 응대하는데, 작은 플라워숍은 인건비에 부담이 있어 성수기나 피크 타임에 플로리스트만 파트타임으로 고용하는 경우가 많다.

5
예산

플라워숍을 열기에 앞서 가장 현실적인 고민은 예산 문제다.
매장 마련부터 인테리어, 기자재 구매에 이르기까지
목돈이 들어가기 때문에 예산 계획을 잘 세워야 한다.

초기 자본은 얼마나 들까

예산에서 가장 큰 비중을 차지하는 부분은 매장 임대료다. 보증금 마련이 우선이고 입지에 따라서는 권리금을 내야 할 수도 있다. 현 시세 기준(2023년), 서울 상권을 기준으로 할 때 보증금은 10평 이하가 6,000~7,000만 원 정도 된다.

그다음으로 비중을 많이 차지하는 게 인테리어다. 업체에 맡기면 현 시세 기준, 10평 이하일 때 기본 2,000만 원 선이다. 여기에 꽃냉장고, 맞춤 작업대 등 주요 기자재의 구매 비용까지 고려하면 전체 예산으로 따질 때 최소 1억 원의 여유자금이 필요하다.

대부분 은행권 대출을 많이 하지만 빌리는 돈의 비율은 전체 예산의 40퍼센트를 넘지 않는 것이 좋다. 매장 운영비에 별도로 나가는 대출 원금과 이자 상환액까지 고려하면 추후 자금 운용이 빠듯해질 수 있다. 예산 계획을 세울 때 국가에서 소상공인, 청년창업인 대상으로 하는 지원사업을 적극적으로 활용하길 추천한다. 조건이 충족하면 저금리로 대출받거나 창업 비용을 지원받을 수 있다.

꼭 필요한 기자재

꽃냉장고

중고 기준 300~400만 원인 꽃냉장고는 건식 유통으로 이루어지는 꽃의 수명을 위해 꼭 필요한 설비다. 하지만 꽃냉장고를 두기 어렵다면, 가림막이나 가벽으로 꽃을 두는 공간을 만들고 에어컨을 설치한다.

작업대

자기 키와 매장 규모에 맞춰 맞춤으로 제작해야 좋다. 길이는 1,800~2,000mm가 작업하기 편하고, 높이는 작업대 상판이 배꼽 정도에 오도록 맞춘다. 상판의 소재는 보통 물에 강한 대리석, 원목, 스테인리스 등을 쓴다.

싱크대

매일 물을 쓰기 때문에 수도 설치는 필수다. 싱크대 위치는 원활한 작업을 위해 꽃냉장고와 작업대의 중간 지점이 좋다.

조명

조명 가게가 모여 있는 곳에서 발품을 팔면 저렴하게 구매할 수 있다. 매장 분위기를 고려하고, 식물이 잘 보일 수 있게 간접등과 직접등의 비율과 위치를 생각해야 한다.

에어컨

플라워숍 실내와 꽃냉장고의 온도 차이가 너무 크지 않게 맞추는 용도로 필요하다. 온풍기 겸용을 선택하면 겨울철 냉해를 막을 수 있다. 단, 건조해질 수 있으니 주의해야 한다.

컴퓨터

SNS를 관리하고, 온라인 주문을 확인하며, 각종 회계 업무를 관리하는 데 필요하다. 이와 더불어 매장 내에 음악이 흐를 수 있도록 미니 스피커와 함께 갖춰두는 게 좋다.

프린트기

상품과 함께 나가는 카드나 주문서 출력에 이용한다.

카드 리더기

결제용 카드 리더기는 필수로 갖춰야 하며 무선 카드 리더기도 구매해두면 상품을 외부로 배달할 때 편리하다.

매장용 휴대폰

거래처나 고객과 연락을 주고받을 수 있는 매장용 휴대폰을 따로 만들어 개인 생활과 분리하는 것이 좋다. 특히 카톡으로 주문 상담하는 경우가 많아서 유용하다.

리본 걸이

수시로 쓰는 리본을 종류별로 걸어둘 수 있는 리본 걸이가 있어야 한다.

분화 진열대

튼튼하고 물에 강해야 한다. 인테리어를 할 때 아예 붙박이로 만들거나 선반을 다는 것도 방법이다. 바닥에 놓을 때는 낮은 의자를 진열대 대신 활용하기도 한다.

예상 월 운영비 따져보기

운영비에서 가장 큰 비중을 차지하는 부분이 월세와 인건비다. 지인들이 찾아주는 플라워숍을 개업한 초기를 제외하고 한동안은 기대하는 만큼 매출이 나오지 않을 수 있다. 그러므로 적어도 1년은 수익과 별개로 플라워숍을 운영할 수 있는 여유자금이 있어야 안정적이다. 다음은 주요 지출을 바탕으로 한 평균 월 운영비이다. 대출 여부나 본인 급여는 편차가 있어 제외하였다.

	6~10평	15평 이상
월세 (+관리비)	200만 원	470만 원
인건비	성수기 때만 파트타임 직원 고용	정규직 직원 월급 250만 원
사입비	250만 원	300만 원
총계	450만 원(인건비 제외)	1,020만 원

월 수익 얼마나 나와야 할까

누구나 높은 수익을 기대할 것이다. 그러나 문을 연 후 1년간은 운영비를 뺀 순수 이윤은 마이너스거나 빠듯할 수도 있다. 그렇다고 성급하게 실망하고 좌절해선 안 된다. 적어도 1년은 해당 상권에서 플라워숍을 꾸준하게 홍보하고 입지를 넓혀가는 기간으로 봐야 하기 때문이다.

플라워숍은 플로리스트의 실력과 고객 응대로 매출이 판가름 날 수 있고, 성수기와 비수기의 매출 차이도 뚜렷하므로 장기적으로 보고 매장을 운영해야 한다. 기대 월 수익은 사람마다 다르지만, 고정 운영비를 감안해 목표 수익을 설정하고 이를 위한 세부 운영 방안을 계획해야 하는 건 같다.

다음 표는 장기적 운영을 해야만 수익을 낼 수 있는, 플라워숍 수익 구조에 대한 이해를 돕는 예시다.

내역	금액	비고
투자금	1억 원	임대료 + 인테리어 + 사입비
월 수익	550만 원●	
본인 급여	300만 원	
1년 수익	3,000만 원	(월 수익-본인 급여) x 12개월
3년 수익	9,000만 원	
5년 수익	1억 5,000만 원	
5년 후 정산	5,000만 원	5년 수익 - 투자금
1년당 수익	1,000만 원	5,000만 원 ÷ 5년

● 45쪽 6~10평을 기준으로 월세와 사입비 등을 반영하였고, 한 달 매출은 원가(2023년 기준)의 약 4배로 책정하였다.

6

매장 계약과 인테리어

마음에 드는 매장을 발견했더라도
계약 전에 꼼꼼하게 내부 시설 및 주변 환경을 살펴야 한다.
또 인테리어를 하기에 앞서 꼭 여러 가게를 방문하여
자신이 추구하는 방향과 실무적 편의에 대해 고민해보자.

계약할 때 주의할 점

입지가 아무리 좋아도 꽃냉장고와 작업대, 싱크대를 놓았을 때 공간과 동선, 인테리어가 완료되었을 때 모습을 미리 검토해야 한다. 계약을 마음먹었다면 부동산 중개인의 책임 중개로 등기부등본을 살피고 계약을 진행한다. 계약서 날인 바로 직전에 근저당권은 없는지, 상가 임대인 본인이 맞는지 확인한다. '상가임대차보호'를 받을 수 있는지 확인하는 것도 필요하다. 또한 번화한 상권에 있는 매장은 당연히 임대료가 비싸고 경우에 따라선 권리금을 내야 할 수 있다. 그러나 같은 동네라도 골목 안쪽으로, 혹은 한 블록 뒤로만 들어가면 임대료가 저렴해질 수 있다. 결국 상권 좋고 임대료 저렴한 매장을 찾는 데에는 발품이 요구된다.

인테리어 공사 때 고려할 것

입지

플라워숍 인테리어는 식물 그 자체로도 가능하지만, 보통 매장이 위치한 동네의 분위기와 어우러지는 것이 중요하다. 오래된 주택이나 한옥이 있는 동네라면 서까래를 드러내고 나무 소품을 활용한 한옥 분위기를 연출할 수 있을 것이고, 고가의 상품을 파는 매장이 즐비한 거리라면 샹들리에와 대리석 테이블 등을 이용한 화려한 분위기로 만들어볼 수도 있다. 개성 있는 가게가 많은 번화가라면 어두운 벽지와 핀 조명으로 갤러리 분위기를 만들어 주목을 끌 수도 있다. 이렇게 동네에 따라 다르게 인테리어를 하는 이유는 단 하나. 바로 주 고객의 눈길을 끄는 동시에 부담 없이 들어오게 하기 위해서다. 자신의 취향을 반영하여 누가 봐도 멋지게 만들고 싶겠지만, 고객이 들어오기 부담스러워 한다면 의미가 없다.

작업 동선

작업 동선은 일의 효율을 높이기 위해 짧을수록 좋다. 주요 기자재의 위치를 가깝게 하되 움직일 때 방해받지 않도록 배치한다. 작업대, 싱크대, 꽃냉장고는 등을 돌리면 바로 보이고 손이 닿을 수 있는 위치에 삼각구도로 배치하면 편하다. 즉 싱크대와 꽃냉장고는 일렬로 두고, 작업대는 싱크대와 꽃냉장고를 마주 보면 좋다.

고객 동선

고객이 매장에 들어서면 주력상품이 바로 눈에 띄어야 하며, 부담 없이 진열장을 둘러볼 수 있는 공간이 확보되어야 한다. 출입문은 활짝 열 수 있도록 근처 바닥이나 벽면에 물건을 두지 않는 것이 좋다. 즉흥적으로 방문하는 고객이 적지 않으므로 플라워숍을 지나는 고객의 시선도 고려하여 진열대와 쇼케이스 방향을 잡아야 한다.

바닥

물에 강한 동시에 미끄럽지 않아야 하며, 흙이나 식물에 쉽게 물들지 않고 닦아낼 수 있어야 한다. 주로 원하는 자재를 깔고 그 위에 에폭시 시공을 한다. 구역을 나눠서 일부는 데코타일로, 일부는 다른 자재로 까는 경우도 있다.

배관

플라워숍의 시작과 끝에는 늘 물이 있다. 청소를 할 때도, 식물을 컨디셔닝할 때도 물이 필요하다. 절화에서 나오는 이물질, 분화를 취급할 때 나오는 흙은 배수구를 통해 흘러나간다. 따라서 플라워숍의 배관은 물이 잘 나오고 잘 빠져나가야 하므로, 노후된 곳이라면 배관시설을 모두 손볼 각오도 해야 한다.

수납 공간

플라워숍의 인상이 청결하고 깔끔하려면 당장 사용하지 않는 화분과 흙, 각종 장비는 고객에게 보이지 않게 정리해야 한다. 창고가 따로 있으면 더없이 좋지만 그렇지 않다면 선반과 서랍을 최대한 활용하거나 가벽을 세워서 그 뒤에 두는 것도 방법이다.

꽃
carino flower shop
CLASS
FLOWER & PLANT
WEDDING
SPECIAL ORDER
PRESERVED
OPEN 09:30 - CLOSE 19:30
010-9578-3322
carino_flower_shop
blog.naver.com/by_florist

포토존

요즘은 SNS에 올릴 상품 및 홍보 사진을 찍는 공간도 필요하다. 반드시 빈 벽을 따로 마련해 포토존으로 이용한다.

간판 설치

보통 간판업자가 시방서(공사나 시공을 할 때, 필요한 재료와 사용처, 방법, 일정 등 도면에 나타나지 않는 사항을 기록한 문서)와 관련 서류를 작성해 관할관청에 제출하여 허가를 받은 후 설치를 진행한다. 따라서 간판업자와 계약할 때 허가에 관한 사항을 계약서에 명기하는 것이 좋다. 더불어 매장 전면부 메인 간판 외에 건물 옆벽 혹은 입간판으로 '꽃'이라 쓴 한 글자 간판을 설치하는 것도 추천한다. 급하게 꽃을 찾는 사람들도 멀리서 간판을 보고 찾아올 수 있고, 지나가는 사람들도 플라워숍이 있음을 인지할 수 있기 때문이다. 한 글자 간판인 만큼 배경과 글자의 색상을 눈에 잘 띄도록 제작하는 것이 좋다.

CCTV

포스기에 결제 기록이 남는 다른 업종과 달리 잦은 시세 변화 때문에 수기로 계산을 하고 기록을 남기다보니 결제와 관련하여 고객과 시비가 발생하는 일이 잦다. 따라서 계산하는 곳을 비추는 CCTV를 설치해 기록을 남기면 빠르게 문제를 해결할 수 있다. 더불어 여성 1~2인이 운영한다면 치안 문제에 취약한 경우도 있으니 실내와 실외에 모두 설치하는 것이 좋다.

업체 선정

기존에 다른 용도로 쓰였던 매장을 계약했다면 수도, 전기, 배관을 비롯해 내부 마감을 전부 들어내야 하는 경우도 많다. 이때는 한 동네에서 오랫동안 신뢰를 얻어온 경험 많은 인테리어 업체를 선정해 하자가 없도록 작업해야 한다. 네이버 카페나 다음 카페 등 해당 지역 온라인 커뮤니티에서 정보를 얻도록 한다. 홍보 게시물 제재 규칙이 있는 맘카페나 지역 상인회 카페가 유용하다.

7

등록

사업자등록을 했다는 건
이제 본격적으로 플라워숍을 운영할 수 있다는 것을 의미한다.
구체적인 계획을 통해 등록 시점을 잡고,
상표등록 및 브랜딩에 대해서도 미리미리 고민해야 한다.

사업자등록, 어떻게 할까

사업을 개시했다면, 그로부터 20일 이내 사업자등록을 진행해야 한다. 상호와 대표자가 정해졌고, 매장 임대 또는 매매 계약을 마쳤다면, 국세청 홈택스 홈페이지(hometax.go.kr)나 가까운 세무서에서 신청할 수 있다. 이때 필요한 서류는 대표자 신분증, 임대차계약서, 주민등록등본, 사업자등록신청서이며, 업종코드는 다음을 참고하면 된다.

상호, 연락처, 사업장 소재지 등을 정정할 수 있지만, 가능한 신중하게 기입하는 것이 좋다. 최근에는 다양한 창업지원금이 있어 업무 개시 전에 사업자등록이 필요한 경우가 있어서 개시일보다 먼저 등록이 가능하다. 단, 6개월 이내 영업을 개시하여야 한다.

업종코드	업태명	업종명	상세 설명
523988	도매 및 소매업	화초 및 식물 소매업	화초 및 살아있는 식물을 소매하는 산업활동 (면세업종)
523961	도매 및 소매업	조화 소매업	조화 및 장식용품 등을 소매하는 산업활동 (과세업종)
809021	교육서비스업	기타 예술학원	음악 및 미술 교습 이외에 연극, 무용 등 각종 예술에 관한 이론과 실기를 교습하는 산업활동 (원데이 클래스 하는 경우)
525101	도매 및 소매업	통신 판매업	일반 대중을 대상으로 온라인을 통하여 각종 상품을 소매하는 산업활동 (온라인으로 판매하는 경우)

상표등록해야 할까

누구나 창업을 할 때 상호를 고심해서 정한다. 이왕이면 중복되지 않으면서 매출을 올리는 데 도움이 되고, 개성이나 철학을 반영할 수 있는 이름으로 정할 것이다. 최근 플라워숍 상호로 가장 많이 쓰이는 것은 자신의 이름을 넣은 '플로리스트 ○○○'이다. 자부심과 방향이 분명히 드러나는 좋은 상호다. 하지만 같은 이름을 가진 플라워숍이 있을 수 있으므로, 꼭 미리 검색을 해보는 것이 좋다.

이렇게 같은 상호의 플라워숍이 검색되는 일은 왜 발생하는 걸까? 바로 사업자등록을 한다고 해서 상호까지 독점적으로 사용할 수 있는 게 아니기 때문이다. 따라서 자신의 독창적인 상호를 보호하고 싶다면, 상표등록을 하는 것이 좋다.

상표등록은 변리사를 통해 진행할 수도 있지만, 특허로(patent.go.kr)에서 직접 신청할 수도 있다. 다만 평균 1년이 걸려서야 등록이 가능한지 결정이 되므로, 우선 특허정보검색서비스(kipris.or.kr)에서 같은 상표는 없는지 미리 확인한 뒤, 신청하는 것이 효율적이다.

영업신고를 해야 할까

플라워숍은 영업신고, 허가, 등록 등의 행정 절차 없이 관할세무서에 사업자등록 신청만으로 영업이 가능한 자유업종이다. 그러나 카페, 식당, 학원 등을 겸한다면 영업신고를 해야 하며 업종에 따라 필요서류(보건증, 위생교육수료증 등)를 관할관청에 제출해야 한다.

8

주요 업무 미리보기

플라워숍의 일은 크게 절화와 분화 구매, 컨디셔닝,
상품 제작, 고객 응대, 배송, 홍보, 청소, 정산 등으로 나눌 수 있다.
다음에 소개한 주요 업무는 혼자서 운영하는
플라워숍을 기준으로 한다.

절화와 분화 구매

대부분의 꽃시장은 밤 11시 30분부터 낮 12시까지 운영한다. 강남고속버스터미널 화훼상가의 경우 월·수·금요일은 국내 경매가 이루어져 좋은 꽃을 살 수 있다. 수입 꽃은 화·목요일에 들어오는데, 이 중 화요일에 가장 많은 물량이 들어온다. 즉 월·수·금요일 중 한 번, 화·목요일 중 한 번, 총 일주일에 두 번은 시장에 가는 게 좋다.

컨디셔닝

꽃은 저마다 컨디셔닝 방법이 달라서 정확한 기술을 익혀야 한다. 우리나라는 건식 유통이 이루어지기 때문에, 만약 오늘 절화를 샀다면 컨디셔닝 후 최소 반나절 이상은 물올림을 해야 줄기가 단단해진다. 상품은 물올림 후 제작해 판매하는 것이 좋다.

고객 응대

플로리스트는 고객과의 소통이 중요한 서비스직이기도 하다. 고객의 구매 목적과 받는 이의 연령대와 성별, 취향을 파악해야 상품의 완성도와 고객의 만족도가 높아진다.

상품 제작

상품 제작은 예약 주문 건과 매장 진열 건으로 나뉜다. 예약 주문이 없어도 상품을 제작해야 하는 이유는 지나는 길에 매장에 들러 바로 상품을 사는 고객도 많아서다. 회사 주변이라면 퇴근 시간에 맞춰 상품 몇 가지를 미리 제작해둔다. 가격대별 꽃다발과 센터피스, 바구니를 만들어 꽃을 처음 구매하는 고객도 쉽게 결정할 수 있도록 한다.

온라인 홍보

요즘은 온라인으로만 주문과 배송이 이루어지는 경우가 많아 SNS 홍보가 중요하다. 블로그나 인스타그램에 플라워숍 공식 계정을 만들어 일정한 주기로 시기에 맞고 주목도가 높은 상품 사진과 설명을 틈틈이 올린다. 댓글과 DM 등으로 이루어지는 고객 문의에 대한 답변 또한 신경 쓴다. 그때그때 답변할 여유가 없다면 답변 시간을 미리 공지하고 그에 맞춰 답할 수 있도록 한다.

배송 관리

배송하는 동안 상품이 최상의 상태를 유지할 수 있도록 상품 제작에 앞서 전처리를 하고, 상품 제작을 마친 후 포장 직전에 후처리를 한다. 전처리는 식물에 맞춘 컨디셔닝이, 후처리는 3시간 이상 유지되게 하는 물 보충과 수분 손실을 방지하기 위한 피니싱 터치(생화 보존제 또는 이 보존제를 완성한 상품에 분사하는 것) 등이 이루어진다. 이후 상품이 안전하게 제시간에 배송되는지 체크한다. 문제가 생겼을 때 처리가 순조로워야 해서 배송업체 선택과 소통도 중요하다.

청소

고객에게 보이는 모습뿐만 아니라 플로리스트의 안전과도 연관된, 가장 기본적이고 중요한 매장 업무다. 물 사용이 많으므로, 제때 식물 물갈이와 청소를 해주지 않으면 썩는 냄새가 날 수 있다. 틈틈이, 부지런하게 청소해서 항상 깨끗한 환경을 유지해야 한다.

2장

절화 관리와 상품 제작

1

절화란 무엇일까

절화(切花, cut flower)는 가지째 꺾은 꽃을 뜻한다.
즉 꽃이나 꽃봉오리를 줄기와 잎과 함께 잘라낸 것으로
꽃다발이나 꽃꽂이, 꽃병에 사용한다.
뿌리가 없어 줄기로 양분과 수분을 흡수하므로
관리가 소홀하면 쉽게 시든다.

종류

절화는 보통 생화를 말한다. 잎을 활용하는 절엽(가지나 줄기에서 자른 잎), 나뭇가지 형태로 목질화(줄기가 나무껍질처럼 단단해지는 현상)되어 있는 절지(뿌리 없이 자른 가지)도 화재(花材)에 속한다.

형태에 따른 구분

라인 플라워(line flower)

길고 큰 형태인 절화로 한줄기에 이삭처럼 꽃이 붙어 핀다. 상품 제작 시 외곽선을 잡아주고 전체의 크기를 결정한다. 스토크, 금어초, 용담, 리아트리스, 글라디올러스 등이 있다.

폼 플라워(form flower)

크고 화려하며 형태가 분명해 포인트로 많이 쓴다. 꽃잎의 개수가 한정적이어서 꽃잎이 한 장만 없어도 가치가 떨어진다. 앤슈리엄, 칼라, 호접란, 극락조화, 글로리오사 등이 있다.

매스 플라워(mass flower)

둥근 형태의 덩어리 꽃으로 여러 장의 꽃잎들이 겹겹이 모여 있다. 라인 플라워와 폼 플라워를 이어주는 꽃으로 이용한다. 장미, 카네이션, 리시안셔스, 라넌큘러스 등이 해당한다.

필러 플라워(filler flower)

하나의 줄기에서 여러 줄기가 뻗어나와 그 줄기에 작은 꽃들이 피어난 형태다. 보통 '소재'라 일컫는 잎이 많은 절화도 필러 플라워로 자주 활용된다. 다른 꽃과 함께 쓰면 공간이 채워져 풍성해 보인다. 라이스플라워, 미스티블루, 안개꽃, 왁스플라워, 하이페리쿰 등이 있다.

라인 플라워

폼 플라워

매스 플라워

필러 플라워

2

관리에 관한 원칙

절화는 뿌리가 없어 줄기로 양분과 수분을 흡수하므로
관리가 소홀하면 쉽게 시든다.
플라워숍의 주인공은 절화이므로 관리가 매우 중요한데,
플로리스트라면 컨디셔닝만 신경 쓰면 되겠지만,
플라워숍 사장이라면 컨디셔닝뿐 아니라 운영의 측면에서
어떻게 관리할지 다양하게 고민해야 한다.

컨디셔닝에 집중하라

플라워숍이 망하는 지름길은 꽃을 돈으로만 볼 때다. 꽃의 상태를 신경 쓰지 않고 그날그날의 재고와 마진에만 집중한다면, 당장 재고는 처리할지 몰라도 장기적으로는 플라워숍 이미지를 깎아 먹는 일이다.

절화는 뿌리가 없는 생명이므로 시간이 지나면서 시들기 마련이다. 이 당연한 순리를 기억하고, 플로리스트는 꽃의 수명을 최대한 늘리고 상태를 아름답게 유지해 고객을 만족시키기 위해 절화 컨디셔닝에 집중해야 한다.

한 송이 꽃이 매장에 들어와 고객에게 전해지기까지, 그리고 수명이 다할 때까지 끊임없이 신경 쓰고 관리하는 것이 플로리스트의 사명이다. 절화의 수명은 플로리스트가 얼마나 지식을 쌓고 공부하며 실전으로 익히느냐에 따라 크게 달라진다는 것을 잊지 말자.

오늘 들어온 꽃은 팔지 말라

우리나라 도매는 건식 유통 방식이다. 따라서 막 사온 꽃은 줄기가 말라 있어서 물올림이 필수다. 예를 들어 월요일에 화훼상가에서 꽃을 사왔다면 기본적인 컨디셔닝 후 12시간 이상 물올림을 하여 화요일과 수요일에 파는 게 좋다.
초보 사장들이 가장 자주 하는 실수가 '오늘 들어온 꽃이 좋은 꽃'이라는 착각으로 물올림이 제대로 되지 않은 꽃을 고객에게 파는 것이다. 이렇게 판 꽃은 반드시 금방 시들어 고객으로부터 컴플레인을 받을 수밖에 없다.

꽃냉장고는 항상 꽃으로 가득해야 한다

365일 장사가 잘되는 법은 없다. 지난주에 꽃이 모두 판매되어 이번 주에는 지난주보다 더 많은 꽃을 사뒀더니 평소보다 절반도 안 나가서 버리는 경우도 있다. 그렇다면 그다음 주에는 다시 적은 수량의 꽃을 들여와야 할지 고민되겠지만, 흔들리지 말고 항상 정해놓은 만큼 갖추는 것이 좋다. 장사가 안 된다고 해서 꽃을 조금만 들여놓으면 막상 고객이 왔을 때 원하는 꽃이 없는 일이 생기거나, 주문이 많이 들어왔을 때 판매하지 못하는 일이 생긴다. 또 단순히 꽃을 구경하러 오는 잠재적 고객도 있으므로 꽃은 다채로운 편이 좋다. 특히 플라워숍의 위치가 회사 주변이나 주택가, 역세권이라면, 매일 플라워숍 앞을 지나는 인구가 많으므로 이들도 잠재 고객이라는 마음으로 꽃을 들여야 한다. 항상 다양한 꽃을 갖추고 밝은 분위기를 유지한다면, 그들이 꽃이 필요한 순간 우리 플라워숍을 떠올릴 것이다.

재고를 남기지 말라

꽃냉장고를 가득 채우든 덜 채우든 장사를 하다보면 재고는 필연적으로 발생한다. 그렇다면 재고를 최소화하는 방안을 고민해야 한다. 답은 두 가지다.

첫번째 답은 인심이다. 인심을 쓰라는 것은 퍼주라는 말이 아니다. 좋은 꽃을 마음껏 주라는 말도 아니다. 고객에게 시일이 지난 꽃이라 판매가 어렵다고 말하고 원한다면 꽃을 선물한다. 그러면 고객은 '이곳은 좋은 꽃만 판매하는 곳이구나, 내가 돈을 낸 꽃은 좋은 꽃이구나'라는 생각과 더불어 인심 좋은 플라워숍이라고 인지하게 된다. 좋은 꽃을 들여와 금액을 깎아주는 것은 소용없다. 오히려 이를 계기로 할인을 요구하는 일이 생길 수 있다. 할인을 인심으로 여기면 좋지 않다. 그러나 판매가 어려운 상품을 인심으로 준다면 재고를 쓰레기통에 버려야 하는 속상함도 덜고, 수명이 하루 이틀밖에 못 가더라도 고객에게 짧은 시간 꽃을 볼 수 있는 기쁨을 제공할 수 있다.

두번째 답은 솔직하게 설명하는 것이다. 일반적으로 재고라고 할 수 있는 꽃은 사흘 전에 들여온 꽃이다. 오늘이 월요일이라면 금요일에 들여온 꽃이 재고인 것이다. 재고는 앞서 말한 것처럼 고객에게 선물로 드릴 수도 있겠지만, 일반 상품보다 크고 화려하게 만들어 저렴하게 판매할 수도 있다. 이때 새로 들여온 꽃으로 제작한 상품 옆에 나란히 진열해 고객의 눈길이 가도록 한다. 이 상품을 고객에 구매하려고 한다면, 고객에게 도매에서 구매한 날짜와 가격, 재고 상품임을 분명히 밝혀서 재고지만 좀더 풍성하고 저렴한 것을 택할지, 작고 비싸더라도 좀더 좋은 꽃으로 제작한 상품으로 가져갈지 고를 수 있게 해야 한다.

재고를 남기지 않는다는 의미는 수단과 방법을 가리지 말고 꽃을 팔라는 것이 아니라, 고객에게 솔직한 플라워숍이 되라는 말이다. 양심적으로 할 수 있는 두 가지 방법을 이어가다보면 결국 플라워숍을 믿고 찾는 고객들이 점차 늘어날 것이다.

진열에 주의를 기울이라

절화 진열은 플라워숍의 첫인상을 판가름하는 기준이므로, 매일 진열에 신경써야 한다. 기본적으로 품종별로, 색상별로 진열하고, 계절에 맞는 꽃은 가장 잘 보이는 곳에 두면 고객들의 시선을 끌 수 있다.

사람의 시각이 가장 먼저 반응하는 것은 색상이다. 따라서 색상이 화려한 절화, 함께 어우러지게 했을 때 보색 효과가 나는 절화, 눈에 띄는 질감과 형태를 가진 절화를 쇼윈도에 배치하면 좋다. 또 점포 밖에 상품을 진열하는 방식은 고객에게 친밀감을 주어 매장 안으로 이끄는 효과가 있다. 특히 봄, 가을에는 숍의 문을 활짝 열어 향기 짙은 꽃을 안팎으로 진열해 지나가는 사람들의 주의를 환기할 수 있다. 이동 인구가 많고 주변에 회사나 주택가가 있어 한 사람이 최소 두 번 이상 가게 앞을 지나다니는 입지라면 꽃 배치를 자주 바꿔야 한다. 또 기온과 햇빛 등의 영향에 민감한 절화는 주의해야 한다. 꽃냉장고 안에 꽃을 진열할 때는 줄기가 높은 재료는 뒤에, 낮은 재료는 전면에 배치해 꽃을 한눈에 볼 수 있도록 한다.

절화를 건강하게 관리하는 측면에서도 진열은 중요하다. 예민한 꽃은 문쪽에서 멀리 배치하거나 냉장고에서도 위쪽 선반에 따로 배치한다. 또 적당한 간격을 유지해야 한다. 서로 바짝 붙어 있으면 통풍이 되지 않아 습도가 높아지고 이에 따라 저온과 높은 습도에서 번식하는 곰팡이가 생겨 빠르게 확산한다.

3

갖춰야 할 절화

어떤 꽃으로 가게를 채울 것인가는
초보 사장에게 아주 큰 고민이다.
이럴 때는 계절별로 갖추면 좋은 주요 절화와
그 특징을 참고해서 구매하면 된다.
요즘은 꽃도 과일처럼 계절을 타지 않고 유통되지만
그래도 '제철'은 있다.

계절에 따라

사계절
장미, 리시안셔스, 모카라, 대국(근조 국화), 카네이션, 온시디움, 레몬트리, 유칼립투스

	봄	여름	가을	겨울
꽃	미모사 작약 히아신스 금어초 델피니움 프리지어 라넌큘러스 튤립 옥시페탈룸 아미초 신지매	수국 용담 과꽃 글라디올러스 도라지꽃 숙근 스위트피 베로니카 홍화 달리아 쿠르쿠스	코스모스 해바라기 국화 구절초 맨드라미 달리아 오이풀	헬레보루스 스키미아 양귀비 유채꽃 크리스마스부시 시클라멘 목화 설유화 조팝나무 스카비오사 라넌큘러스 버터플라이
컬러	파스텔톤, 옐로화이트, 원색	블루, 화이트, 오렌지, 그린	버건디, 옐로, 단풍빛깔	레드, 화이트
특징	화사하면서도 섬세한 느낌이다.	그린, 블루화이트 톤의 시원한 느낌이다.	고급스러우면서도 짙은 느낌이다.	따뜻한 크리스마스 느낌이다.

입지에 따라

입지별로 갖춰야 할 절화는 특정하기 어렵지만, 번화가에 있다면 인기 드라마에 등장한 꽃에 주목할 필요가 있다. 가령 2016년 드라마 〈도깨비〉에 등장한 목화 꽃다발은 드라마의 인기와 함께 불티나게 팔렸다. 2018년에는 〈남자친구〉에 등장한 율마가, 2022년에는 〈서른, 아홉〉에 자주 나온 작약 한 송이가 많이 팔렸다. 주택가에 있다면 절화보다 분화를 찾는 고객이 많으므로, 사계절 유통되는 필수 절화만 들여놓아도 충분하다.

4

구매하기

꽃시장에서 절화를 고르고 사는 일은
초보 사장과 플로리스트 모두에게 어려운 일이다.
처음부터 좋은 상품을 딱 맞는 양으로 살 수는 없다.
사전에 유용한 정보를 숙지하고
시행착오를 최소화한다는 마음으로 시장에 가보자.
자연스럽게 안목과 감이 생긴다.

충동구매는 자제한다

재고를 남기지 않는 것이 중요하기 때문에 필요한 수량을 정확하게 계산해 구매해야 예산을 낭비하지 않는다. 문제는 필요한 것을 적어가도 막상 눈앞에 꽃이 보이면 단지 예쁘고 금방 판매가 될 것 같다는 생각이 들어 충동적으로 지출한다는 점이다. 종류와 수량, 색상 등을 최대한 자세하게 적은 구매 리스트를 가져가서, 단순히 눈에 들어와 사는 꽃은 없도록 한다.

Tip

구매 리스트에 있는 꽃이라도 바로 구매하지 말고 시장을 대략 훑어본 다음 꽃의 가격과 상태를 체크한 후 신중하게 구매하는 것이 좋다.

구매량은 꽃냉장고를 기준으로 생각한다

꽃을 얼마나 사야 할지 개업 초기에는 감이 오지 않을 수 있다. 이때는 꽃냉장고가 비어 보이지 않을 정도로 채운다고 생각하면 된다. 물론 재고가 발생할까 걱정이 되겠지만, 문을 연 후 1년 동안은 재고가 남더라도 꽃냉장고에 다양한 꽃이 넉넉하게 있어야 플라워숍 이미지가 좋아진다. 그래서 꽃을 살 때는 비교적 저렴하지만 풍성한 느낌을 주는 절화와, 비싸지만 눈길을 끌 수 있는 고급 절화를 4대 1이나 5대 1의 비율로 맞춰 지출을 조절하는 것이 좋다.

Tip

가끔 고객이 꽃을 특정하여 주문하기도 한다. 잘 들어오지 않는 꽃이거나 계절 꽃일 경우에는 시장에 먼저 알아보고 마진을 따져본 뒤 주문받아야 한다.

도매시장 재고를 피한다

국내 꽃은 주로 월·수·금요일에 경매를 통해 입고되며, 수입 꽃은 화·목요일에 입고된다. 품질 좋고 신선한 꽃을 사고 싶다면 경매가 끝나고 도매업체에 물건이 들어오는 시간을 알아두었다가 그 시간에 맞춰 업체에 방문하거나 미리 수량을 정해 예약하는 게 좋다. 따라서 꽃시장 오픈 시간에 맞춰 간다고 해서 좋은 꽃을 살 수 있다는 보장이 없고, 도리어 낙찰받은 꽃이 도착하지 않아 재고

왼쪽 겉잎이 있고, 살짝 핀 상태로 꽃얼굴 안쪽에 아직 필 꽃잎이 많다.
오른쪽 많이 핀 상태이며, 겉잎이 없는 것으로 보아 꽃잎을 제거한 재고다. 잎사귀에도 상처가 있다.

왼쪽 줄기가 단단하고 두꺼우며 터뜨릴 꽃망울이 많다.
오른쪽 줄기가 가늘고 터뜨릴 꽃망울이 적다.

를 살 수도 있다. 줄기가 짧거나 무른 것, 꽃얼굴에 상처가 났거나 곰팡이가 있는 것, 물통에 꽂힌 채 진열된 것 등은 재고일 수 있으니 잘 살펴서 사도록 한다.

꽃얼굴을 꼼꼼히 살핀다

약간 피기 시작한 꽃을 선택하는 것이 좋다. 몽우리 맺은 꽃을 고르면 사온 후 꽃이 피지 않거나, 그대로 시들어버리기도 한다. 꽃잎 끝부분이 상하지 않아야 하며 좋은 꽃일수록 줄기가 단단하며 꽃얼굴이 단단하고 크다. 얼굴이 너무 작고 줄기가 약한 꽃일수록 재고를 새것처럼 보이기 위해 꽃잎들을 제거했을 수도 있으므로 자세히 살펴 구매한다. 장미는 겉잎(꽃받침 위에 꽃잎을 둘러싸고 있는 작은 잎)이 어느 정도 있는 꽃이 좋다. 잎사귀는 푸르고 병충해가 없으며 상처가 없는 것을 골라야 한다.

구매처

서울 강남고속버스터미널 화훼상가

우리나라에서 생화와 조화 종류가 훨씬 많고 수입 꽃에 특화되었다. 부자재 매장은 꽃시장과 같이 열고, 조화나 드라이플라워는 오전에 열고 늦게 닫는다.

주소 서울시 서초구 신반포로 194 강남고속버스터미널 3층

영업시간 생화 23:30~12:00(국내 꽃: 월·수·금 / 수입 꽃: 화·목) 조화 0:00~18:00

휴무 일요일

Tip

구매한 물건을 혼자 들기 무거울 때는 실내 기둥마다 설치된 인터폰으로 지원팀을 불러서 이송 및 상차 서비스를 받을 수 있다. 담당자에게 꽃과 자재 영수증, 연락처, 상차 장소 등을 전달하면 물건을 자차나 택시에 실어준다. 비용은 현금으로 지불한다.

서울 양재동 화훼공판장

생화, 분화, 부자재를 판매하는 대형 화훼단지다. 생화 도매동에서는 사철 다채로운 절화와 소재를 만날 수 있다.

주소 서울시 서초구 강남대로 27

영업시간 생화 00:00~13:00 (공휴일 0:00~12:00)

휴무 일요일

Tip

주문량에 따라 수도권이 아닌 지역으로 택배 발송을 해주기도 한다.

서울 남대문꽃종합상가

강남고속버스터미널 화훼상가나 양재동 화훼공판장보다 규모는 작지만 절화 위주로 형성되어 있으며 조화나 부자재도 다채롭게 판매한다.

주소 서울시 중구 남대문시장4길 21 E-월드 3층

영업시간 월~목 3:00~15:00, 금·토 3:00~16:00

휴무 일요일

인천 구월동화훼단지

인천문학경기장 주변에 운영하는 여러 곳의 화훼하우스 단지를 말한다. 하우

스마다 취급하는 식물 비중이 달라서 절화를 주로 파는 곳이 있고, 분화를 주로 파는 곳이 있다.

주소 인천광역시 남동구 남동대로 587~614 일대

영업시간 8:00~18:00 (화원별로 다름)

휴무 화원별로 다름

춘천 춘천꽃집 춘천꽃도소매 조은생화

규모는 작지만 춘천에서 가장 다양한 절화를 들여오는 절화 전문 도·소매업체다. 월·수·금요일에 꽃이 들어온다.

주소 춘천시 동내면 춘천순환로 114 1층

영업시간 평일 8:30~19:00 토요일 8:30~18:00

휴무 일요일

강릉 동광꽃상사

규모는 작지만 강릉에서 가장 다양한 절화를 들여오는 절화 전문 도·소매업체다. 월·수·금요일에 꽃이 들어온다.

주소 강릉시 홍제로71번길 16

영업시간 매일 9:00~18:00

휴무 일요일

대전 둔산대전꽃도매시장

대전 둔산라이프종합상가 건물 지하와 1층에 자리한 생화도매시장이다.

주소 대전광역시 서구 둔산북로 22

영업시간 월·수·금 6:00~19:00 화·목·토 8:30~18:00

휴무 일요일

전주 전북화훼직매장

전주시와 일대 소매업자들이 많이 찾는 절화 전문 도매업체다. 규모는 작지만 절화 종류는 다채롭게 갖추고 있다.

주소 전주시 덕진구 태진로 126-3

영업시간 평일 8:30~18:00 토요일 8:30~15:00

휴무 일요일

대구 대구꽃백화점

1층은 분화, 2층은 절화, 3층은 조화와 부자재를 판매하는 대형 도매상가다. 이곳 주변으로도 여러 원예상가가 모여 있어 칠성시장 꽃시장이라고도 불린다.

주소 대구광역시 북구 칠성남로 164

영업시간 7:00~19:00

휴무 일요일

광주 광주원예농협화훼공판장

광주에서 가장 큰 꽃시장이다. 절화와 소재, 부자재를 두루 판매한다.

주소 광주광역시 서구 매월1로 7

영업시간 월·수·금 6:00~17:00 화·목 8:00~17:00 토 8:00~15:00

휴무 일요일

부산 부산자유도매시장 꽃시장

자유시장 3층에 있다. 수입 꽃에 특화된 매장이 여러 곳 있다.

주소 부산광역시 동구 조방로 48

영업시간 7:00~18:00

휴무 연중무휴

부산 양정꽃도매상가

양정시장 양정가구백화점 건물 4층과 5층에 자리한 종합화훼상가로 생화 매장은 4층에 있다.

주소 부산광역시 부산진구 동평로 420번길 18

영업시간 7:00~19:00

휴무 일요일

제주 모니카네생화직판장

제주시에 있는 생화, 조화, 꽃자재 도소매업체. 강남고속버스터미널 화훼상가와 양재동 화훼공판장에서 생화를 사서 판매한다. 월·화·수·금요일에 생화를 들여오고 수입 꽃은 화·수요일에 주로 들어온다.

주소 제주시 중앙로 640

영업시간 8:30~18:00 (휴게 시간 12:00~13:00)

휴무 일요일

제주 제이제이에프

절화와 분화를 두루 재배 및 판매하는 농장 겸 도매업체로 제주 서쪽에 있다. 절화는 종류가 많진 않지만 매우 싱싱하게 관리되어 있고 소분된 꽃마다 가격표가 붙어 있어 평이 좋다.

주소 제주시 한림읍 월각로 222-2

영업시간 10:00~17:00 (휴게 시간 13:00~14:00)

휴무 연휴 당일

5

부자재

절화를 하나의 상품으로 판매하기 위해서는
컨디셔닝과 물올림, 디자인까지 여러 과정을 거쳐야 하고
이때 필요한 도구와 소품이 있다.
작업을 수월하게 하려면 부자재를 완비하고
그중 소모품은 제때 갖춰두어야 한다.

플로리스트의 장비

꽃가위

절화를 다듬을 때 쓰는 가위로 가장 중요한 도구다. 고가로 분류되는 꽃가위의 날은 티타늄 재질이거나 부식되지 않도록 제작된다. 사카겐(일본산) 꽃가위는 손잡이 끝부분까지 금속으로 튼튼하게 설계되었으나 그만큼 무게가 있다. 날 길이에 따라 가격과 디자인이 다르지만 대체로 2만 원 선에 살 수 있다. 치카마사(일본산) 꽃가위는 사카겐보다는 가볍고 날이 예리하다. 날 안쪽으로 꽂꽂이용 와이어를 자를 수 있다. 한신(국산) 꽃가위는 가장 대중적인 꽃가위로 가격은 3,000~5,000원이다. 가격 부담이 없어 날이 무뎌지면 바로 교체할 수 있으며 가격에 비해 절삭력이 좋은 편이다. 파울(독일산) 꽃가위는 날이 아주 짧고 스프링이 있어 쉽게 잘린다.

전지가위

꽃가위로 자르기 어려운 절지류, 즉 두껍고 단단한 가지류를 자를 때 쓴다. 파울 전지가위는 날이 짧고 가벼우며 절삭력이 좋다. 사카겐 전지가위는 날에 불소수지로 코팅이 되어 있어 녹에 강하다.

핀셋

플라워 박스를 만들거나 프리저브드 플라워(생화를 특수보존용액으로 처리해 탈색한 후 원하는 색을 입힌 보존화)를 다룰 때 쓴다. 손으로 꽃을 꽂기 어려울 때 쓰므로 길이가 너무 짧은 것은 좋지 않다. 끝이 뾰족한 것은 꽃을 상하게 한다.

줄자

식물 크기를 재서 상품 정보를 고객에게 제공하거나, 상품을 제작하는 과정에서 화분이나 플라워 박스 크기를 재야 할 때 필요하다. 또 행사용 센터피스를 제작하거나 신부 신장에 맞춰 부케를 제작할 때도 쓴다.

플로럴 나이프

보통은 가위를 많이 쓰지만 플로럴 나이프를 쓰면 줄기를 예리하게 자를 수 있다. 빅토리녹스의 제품을 추천한다.

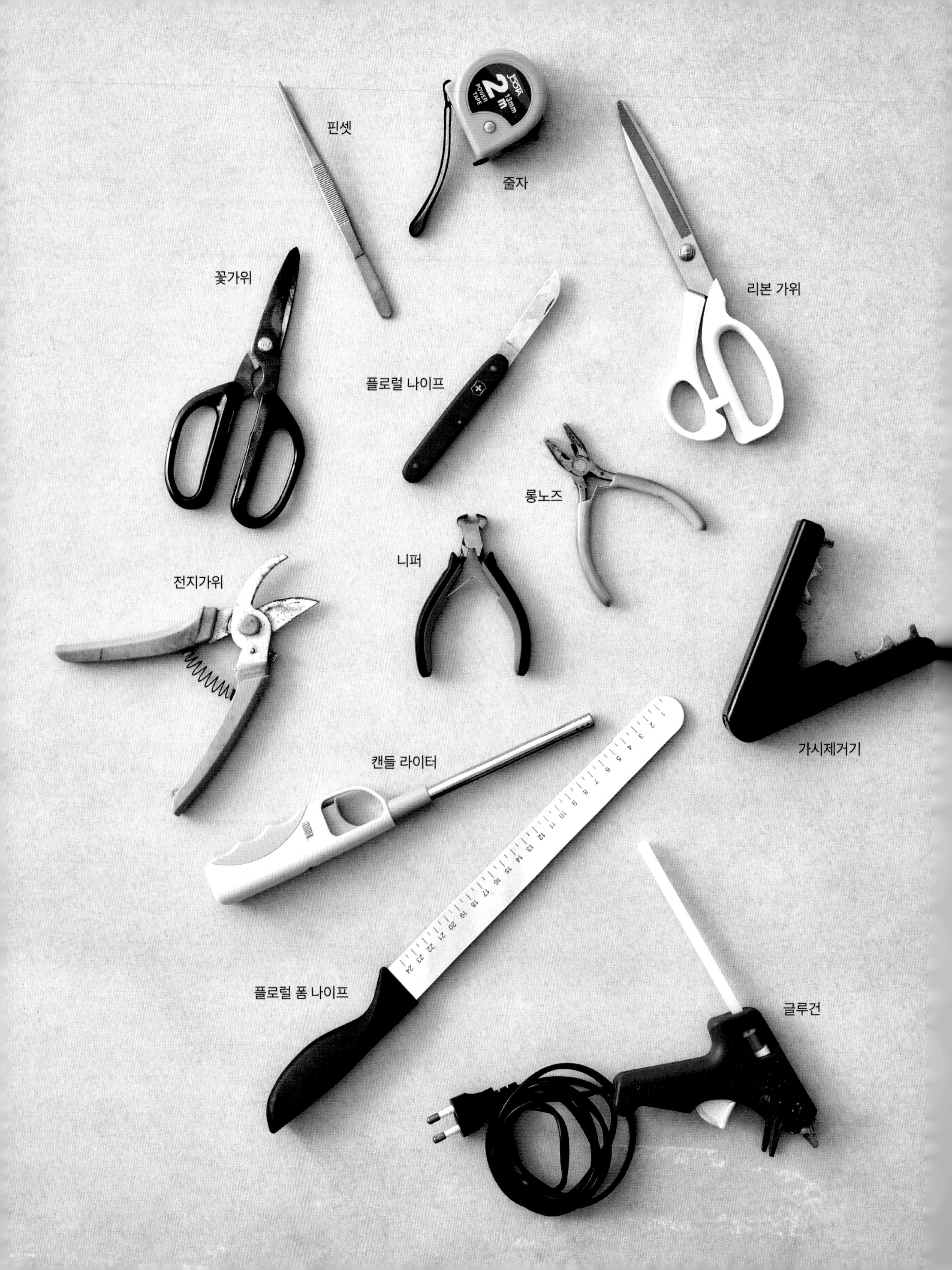
핀셋
줄자
POWER TAPE
2m
13mm
꽃가위
리본 가위
플로럴 나이프
롱노즈
니퍼
전지가위
가시제거기
캔들 라이터
플로럴 폼 나이프
글루건

롱노즈

구조물을 만들거나 화관이나 리스 등을 제작할 때 와이어를 엮고 고정한다.

니퍼

각종 와이어를 절단할 때 사용한다.

리본 가위

꽃가위는 날이 짧아서 넓은 리본은 여러 번 나눠서 잘라야 하며, 예리하게 잘리지 않아 올이 풀릴 수 있다. 또 신경을 쓰더라도 리본이 오염될 수 있으므로, 반드시 리본을 자르는 가위는 별도로 준비하여야 한다.

캔들 라이터

컨디셔닝을 위해 탄화 처리(108쪽 참고)를 할 때 필요하며, 리본 올이 풀리지 않도록 깔끔하게 할 때도 쓴다.

플로럴 폼 나이프

오아시스 칼이라고도 부른다. 빵칼처럼 생겼지만 날은 평평하다. 플로럴 폼을 절단하기 위해 사용한다. 자처럼 눈금 표시된 것을 갖추면 상품을 제작할 때 편하다.

가시제거기

장미처럼 단단한 줄기에 가시가 있는 꽃 위주로 사용한다. 줄기가 약한 꽃에는 사용하지 않는다.

글루건

마른 소재나 리본 등을 고정할 때 필요한 접착 공구다. 핫멜트(글루건 스틱)를 녹여서 사용한다.

소모품

와이어와 지철사

소재를 묶어 고정하거나 재료를 지지하는 용도로 쓰는 등 사용 범위가 넓다. 와이어에는 번호가 매겨져 있는데, 번호가 낮을수록 두껍고, 높을수록 가늘다. 지철사는 보통 27번 와이어에 종이가 감겨 있다. 색상은 다양하며 18번과 27번을 가장 많이 쓴다.

치킨망과 브론즈넷

꽃을 고정시키거나 플로럴 폼이 부서지는 걸 막기 위해 사용한다.

진주 핀

신부 부케나 코르사주, 부토니에르 등의 줄기를 리본으로 감싼 뒤 그 리본이 줄기와 분리되지 않게 하려고 쓴다. 더불어 상품에 진주 포인트를 주기 위해 장식적으로도 사용한다.

플로럴 테이프

테이프를 길게 늘이면 점성이 생긴다. 부케, 코르사주, 부토니에르 등의 상품을 제작할 때 꽃의 줄기가 상하지 않게 묶는 용도로 사용한다. 컬러는 흰색, 초록색, 갈색, 검은색, 빨간색 등으로 다양해서 용도에 따라 쓰면 된다.

방수 테이프

오아시스 테이프라고도 부른다. 재질이 튼튼하고 물에 강하다. 화기와 플로럴 폼의 크기가 맞지 않을 때 이 테이프로 고정하기도 하며, 핸드타이드 기법(꽃의 줄기를 나선형으로 돌려가며 잡는 기법)으로 상품 제작 시 바인딩 포인트(꽃의 줄기를 하나로 모아주는 지점)를 묶는 용도로 쓰기도 한다.

침봉

여백과 수형이 돋보이는 동양 꽃꽂이를 할 때 주로 사용한다. 화기의 입구가 넓고 높이가 낮을 때 꽃을 고정하기 어려운데, 이때 원하는 위치에 꽃을 고정해서 세울 수 있어 매우 유용하다. 모양과 크기가 다양하다.

지철사
브론즈넷
치킨망
와이어
18
20
22
24
26
27
진주 핀
침봉
방수 테이프
플로럴 테이프
플로럴 폼
oasis
maxlife
FloraLife
Express Universal
민 플 MINFL
절화 수명 연장제
생화 보존제 MINFL
Food For Flowers
물 1000mL 사용
피니싱 터치
Finishing Touch
수명연장제

피니싱 터치

꽃의 수분 증발을 억제해 꽃과 줄기가 건조해지지 않게 도와주는 역할을 한다. 상품 제작을 마친 후 서너 번 흔들어 꽃얼굴을 중심으로 분사한다.

수명연장제

당분, 미네랄, 살균제 등의 성분이 들어 있어 절화에 영양분을 공급하고, 수분 흡수를 돕는 동시에, 세균 번식과 도관이 막히는 것을 억제해 꽃의 수명을 연장한다. 통에 담긴 제품을 희석해서 쓰거나 일회용 포장 제품을 쓴다. 희석 비율은 제조 회사마다 다르며, 일회용 포장 제품은 보통 물 500ml 또는 1000ml에 한 개를 넣는다.

플로럴 폼

흔히 브랜드명인 오아시스로 불린다. 정식 명칭은 꽃을 꽂는 폼이라는 뜻으로 플로럴 폼이다. 꽃바구니나 화기에 식물을 꽂을 때 받침 역할을 하며 수분도 공급한다. 크기는 같지만 사각, 리스, 볼 등 형태와 재질이 다양하다. 단단한 정도에 따라 이코노미, 프리미엄, 블랙 등으로 나뉘며, 블랙은 어느 정도 자연분해가 되는 친환경 재질이라 가장 가격이 비싸다. 또한 블랙은 화기 없이 그 자체로 상품을 만들어 시각적으로 활용되기도 한다.

포장재

투명 OPP 포장지

꽃다발, 꽃바구니, 화분 등 상품을 제작한 뒤 마지막으로 포장할 때 사용한다. 물처리 비닐을 대신하거나 방수지(물이 스미지 못하게 가공한 포장재) 대용으로 쓰기도 하며, 이동 중 상품의 수분 증발이나 손상을 막기 위해서도 쓴다.

부직포

상품을 더욱 풍성하게 보이도록 하여 가치와 완성도를 높이는 포장재다. 얇은 것과 두꺼운 것이 있는데, 필요와 선호에 따라 사용하면 된다.

플로드지

반투명한 느낌이 감도는 플로드지는 시원한 느낌을 주기 위해 여름에 많이 사용하며, 가을과 겨울에는 이보다 조금 더 두꺼운 플로드지를 쓴다. 구분을 위해 얇은 것은 플로드지Ⅰ, 두꺼운 것은 플로드지Ⅱ로 칭한다.

습자지

상품의 높이를 맞추거나 풍성하게 보이고 싶을 때 쓴다. 더불어 이동 중 화분이나 꽃다발이 흔들려서 망가지지 않도록 상자나 쇼핑백 안에 고정할 때도 사용한다. 최근에는 아름다운 문양이나 그림이 인쇄되어 나오고 있어 겉포장지로 쓰기도 한다. 물에 취약한 특징이 있다.

스템 티슈

레이온 소재의 도톰한 티슈에 물을 적셔 줄기를 감싸면 절화에 수분을 공급해 상품을 오래 보존할 수 있다.

바인딩 와이어

지철사보다 부드러워 꽃다발의 바인딩 포인트를 묶을 때 주로 사용한다. 그린, 내추럴, 브라운, 화이트 등 네 가지 색이 있으며, 줄기 색이나 포장지 색에 맞추어 사용하므로 모두 마련하는 것이 좋다. 플라워숍에서 가장 많이 쓰는 소모품 중 하나로 늘 여분을 준비해야 한다.

투명 OPP 포장지
부직포
바인딩 와이어
스템 티슈
물처리용 비
플로드지
워터튜브
리본
Color 습지
코끼리 병
습자지

물처리용 비닐

절화에 수분을 공급해 싱싱한 상태로 보존하는 과정을 물처리라고 한다. 따라서 이 물처리용 비닐은 긴 시간 수분을 유지해야 하는 꽃다발 줄기를 감쌀 때 주로 사용한다. 실제로 많은 양의 물을 넣기도 하고, 줄기 끝이 뾰족하므로 질기고 단단한 것이 좋다.

워터튜브

물대롱, 실린더, 워터픽이라고도 하며, 상품 제작 후 절화 줄기 끝부분에 물을 담아 끼워주는 작은 용기다. 플라스틱이나 유리로 제작되며, 보통 수국과 같이 물을 많이 필요로 하는 절화에 쓴다.

크기별 쇼핑백

정사각, 직사각 쇼핑백을 크기별로 갖추는 게 좋다. 종이와 비닐 소재 중 무엇

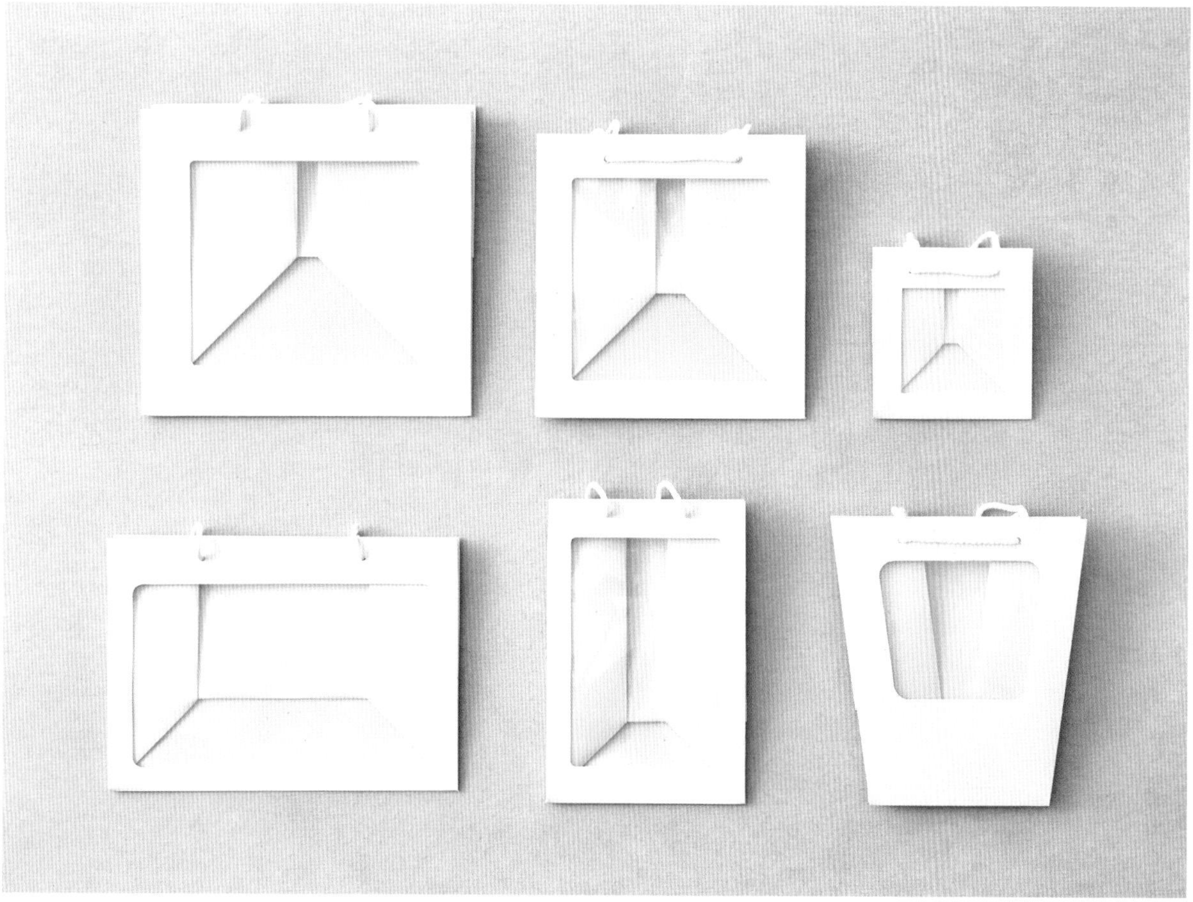

이 더 낫다고 할 수는 없다.

리본

글자를 인쇄할 수 있는 프린트용 리본, 꽃다발과 꽃바구니에 쓰는 공단 리본과 오간디 리본, 가죽 끈으로도 불리는 샤무드 리본이 대표적으로 쓰인다. 이외에도 마 끈으로도 불리는 마 리본, 라피아 끈 느낌을 낸 종이 라피아 끈 등은 자연스러운 느낌을 연출할 때 사용한다. 레이스 소재의 리본도 자주 쓴다.

코끼리 병

코끼리 코, 세척병으로도 불린다. 워터튜브에 물을 넣거나 꽃다발 줄기에 고정한 물주머니에 물을 보충할 때, 입구가 좁은 센터피스나 꽃바구니에 물을 보충할 때 주로 사용한다. 생각보다 자주 쓰이므로 500ml 용량으로 갖추는 게 좋다.

화기

바구니

꽃바구니를 제작할 때 필요하다. 기본적으로 손잡이가 있는 타원형 바구니를 크기별로 갖추는 게 좋다. 뚜껑이 있고 손잡이가 없는 햇박스나 사각 바구니도 종종 활용된다. 보통 등나무나 대나무로 만든 바구니에 생화를 담을 때는 밑바닥에 비닐을 덧대거나 방수 처리가 된 바구니를 써서 물이 흐르는 것을 막는다.

플라워 박스

꽃과 함께 사탕, 초콜릿, 현금 등을 넣어 이벤트용 선물로 제작한다. 직사각형, 정사각형, 원형 등의 플라워 박스가 크기별로 있으면 좋다. 습기에 손상되지 않도록 비닐에 싸서 보관한다.

냉장고 진열용 화기

투명 용기가 적합하다. 꽃마다 요구하는 물의 양이 다르므로 높이를 볼 수 있어야 하며, 물의 오염도 또한 잘 보이기 때문이다. 깨지기 쉬운 유리보다는 플라스틱을 많이 사용하며, 냉장고 공간이 넉넉하다면 고가의 꽃들은 유리병에 담아 고객의 시선을 끄는 것도 좋다. 냉장고 안에 넣는 화기의 높이는 평균 30센티미터이다.

디자인 화병

가격이 저렴하고 가벼운 플라스틱부터 화병 꽂이에 많이 사용되는 유리병, 도자기, 돌 등 재질이 다양하다. 자주 사용하는 꽃의 질감과 색에 잘 어울리는 화기를 골라야 플라워숍만의 개성을 만들 수 있다. 이동이 쉬워야 하고 단가도 맞아야 해서 합성유리나 플라스틱 화기를 많이 사용한다.

냉장고 진열용 화기
바구니
플라워 박스
디자인 화

구매처

부자재 시장을 따로 가는 경우는 거의 없고, 절화나 분화를 살 때 필요한 부자재도 같이 구매한다. 시장에 없는 물건은 주문을 넣어두거나 온라인몰에서 산다.

강남고속버스터미널 화훼상가

3층에 서너 곳의 대형 부자재 상가들이 모여 있다. 리본, 바구니, 포장재, 조화, 디자인 소품 등 종류가 다양하다.

양재동 화훼공판장

생화도매시장 2층에서 부자재를 판매한다. 필수적인 것을 갖추고 있다.

과천화훼단지

부자재가 저렴한 편이며 대량으로 구매하면 더 유리하다.

온라인몰

문을 연 초기에는 부자재를 직접 보고 비교하며 고르는 편이 좋으므로 매장을 방문하는 것을 추천하지만 직접 방문이 어려우면 온라인몰에서 살 수 있다. 오프라인과 온라인 모두 운영하는 부자재 상가들이 있으니 단골집을 확보하면 좋다. 온라인 부자재 쇼핑몰로는 현대데코, 디엔디리본, 리틀달링 등이 있다.

6

컨디셔닝

컨디셔닝이란, 절화마다 특성에 맞게
손질하여 관리하는 모든 과정을 뜻한다.
좋은 절화도 주변 환경이 적절하지 않으면
쉽게 품질이 저하되므로
플라워숍 사장이라면 손실을 줄이기 위해서라도
반드시 절화를 컨디셔닝할 줄 알아야 한다.

원칙

물올림은 신속하게 한다

구매 후 최대한 빨리 물올림을 해야 한다. 고온 건조한 상태로 오래 두면 물올림을 하더라도 수명이 짧아질 수 있다.

세균 번식을 막는다

절화는 손질 후에도 지속해서 수질을 관리하고 필요에 따라서는 줄기 끝을 다시 잘라 도관이 막히지 않도록 해야 한다. 물과 물통 관리를 부실하게 하면 번식한 세균이 줄기 안에 유입돼 도관을 막고 영양분과 물을 흡수하는 걸 방해해 꽃이 쉽게 시든다.

빛과 바람을 차단한다

빛은 온도를 상승하게 하고 식물체의 호흡량을 증가시켜 노화를 촉진한다. 또한 바람은 식물 안의 수분을 증발시켜 절화를 건조하게 한다. 절화는 상품을 제작하기 전부터 진열, 배송에 이르기까지 모든 과정에서 직접적인 바람을 피해야 한다.

에틸렌 노출을 막는다

에틸렌은 과일의 성숙에 꼭 필요한 물질이지만, 절화에는 치명적으로 작용한다. 에틸렌에 장시간 노출되면 노화가 일어나 꽃, 잎, 봉오리가 시들어 떨어진다. 따라서 에틸렌 피해를 막으려면 시든 꽃, 잘 익은 과일, 난방기 등을 신선한 절화 옆에 두지 않아야 하며, 환기를 하고 적절한 온도를 유지해야 한다.

순서와 방법

절화 컨디셔닝은 새로 사입한 절화뿐 아니라 상품 제작을 앞두고도, 재고를 관리할 때도 해야 한다. 다만 여기에서는 초보 사장을 위해 새로 사입한 절화의 기본적인 컨디셔닝 순서와 방법을 설명하였다.

1. 수분을 유지한다

건식 유통된 절화는 수분 유지가 중요하다. 특히 밤에 시장을 다녀와 플라워숍 오픈 시간까지 절화를 숍에 두어야 할 때는 신문지에 완전히 말아서 물에 푹 담가둔다. 컨디셔닝 작업 전 수분을 보충해줘야 하기 때문이다. 날씨가 더운 여름철에는 꽃냉장고에 넣어두면 더 좋다.

> **Tip**
> 꽃을 감쌌던 신문지는 버리지 않고 모아두면 쓸 곳이 많다. 배송 시 화기를 감싸 보호하는 용도로 쓸 수 있고, 작업 시 작업대나 바닥에 깔면 청소할 때도 편하다.

2. 훼손에 주의한다

사온 절화를 작업대에 모두 올릴 수 없기 때문에 보통 일부는 바닥에 늘어놓게 되는데, 이때 줄기를 밟거나 잎을 떨어뜨려 상품의 가치를 낮추지 않도록 주의해야 한다. 한쪽으로 치워가면서 하면 절화도 안전하고, 청결을 유지하기도 좋다. 양에 따라 다르지만 꽃시장에 다녀오면 두 명이 작업해도 3~4시간이 걸린다. 이때 재고로 남은 절화도 냉장고에서 꺼내 줄기를 다시 자르고 물을 갈아준다.

3. 물내림이 빠른 것을 먼저 한다

달리아, 데이지, 거베라, 헬레보루스처럼 줄기 자체가 약하거나 줄기 속이 비어 있으면 물내림(줄기가 수분을 머금지 못하고 배출하는 것)이 빠르다. 또 줄기에 비해 꽃얼굴이 커서 수분 공급이 꽃얼굴에 영향을 주는 수국 같은 경우 물내림이 빨라 고개가 꺾이거나 빨리 시든다. 따라서 생화, 절엽, 절지 순서로 컨디셔닝을 하는 것이 좋다. 줄기가 약하고 고가인 절화는 컨디셔닝 후 다른 것과 부딪히지 않게 따로 보관한다.

4. 가시와 잎을 깨끗하게 제거한다

물속에 잠기는 가시와 잎은 모두 깨끗하게 제거해야 한다. 가시와 잎이 물에 닿으면 세균이 번식해 도관을 막는데, 그러면 절화가 수분과 양분을 제대로 흡수하지 못해 금방 시든다. 가시제거기로 가시를 제거할 때는 힘을 주어 세게 긁으면 줄기에 상처가 나서 판매할 수 없으므로 주의한다. 가시가 많지 않다면 가시제거기 대신 플로럴 나이프를 쓰는 것도 방법이다. 가시와 잎을 제거한 뒤에는 수건이나 물로 줄기를 깨끗하게 닦아 잔여물이 남지 않게 한다.

> **Tip**
>
> 가끔 컨디셔닝 중에 벌레나 진딧물이 나올 수 있다. 이때는 다른 꽃에 옮지 않도록 따로 진딧물 약을 뿌려 모두 제거한 후 냉장고에 넣어야 한다.

5. 줄기는 너무 길지 않게 자른다

판매를 목적으로 컨디셔닝을 할 때는 줄기가 너무 길지 않게 자른다. 그래야 물올림이 잘 이루어지고, 꽃끼리 덜 부딪히며 냉장 보관에 적합하다. 길이는 냉장고 진열용 화기를 기준으로 한다. 화기보다 줄기 길이가 너무 길면 수분 흡수가 더뎌 꽃이 무게를 이기지 못하고 꺾이기도 한다. 폼 플라워는 꽃얼굴에 가치가 있기 때문에 꽃얼굴이 부딪혀 상처 입지 않도록 여유 공간을 확보하고, 줄기 길이가 너무 길지 않게 잘라 꽂아준다. 매스 플라워는 서로 높이와 줄기를 맞춰서 꽉 끼지 않는 정도로, 화기보다 한 뼘 정도 위로 올라오게 꽂는다. 라인 플라워는 꽃이 길게 다닥다닥 붙어 있어서 촘촘하게 넣으면 곰팡이가 슬거나 썩을 수 있으므로 더욱 간격을 둬야 한다. 필러 플라워는 특히 부피가 크므로, 꽃얼굴이 찌그러지지 않게 화기 위로 줄기를 높이 빼고 간격에 여유를 준다.

여유 있게 꽂았지만 화기에 비해 길어서 줄기가 꺾인 금어초.

적당한 길이로 자른 뒤 알맞은 화기에 넣어 공간을 확보한 카네이션.

6. 줄기의 단단한 정도에 따라 물 높이를 조절한다

줄기가 단단한 절화는 수위가 높을수록 수압이 세져 물올림이 더 잘되므로 진열용 화기에 물을 많이 담는다. 반면 줄기가 여리거나 줄기 속이 비어 있는 절화는 줄기가 녹거나 상하지 않게 물을 얕게 담고, 이후 물이 부족하지 않도록 수시로 채워준다.

> **Tip**
>
> 수명연장제는 꽃을 화기에 넣기 전에 물에 넣어야 충분히 섞여 효과적이다.

줄기가 단단한 장미는 물을 많이 넣고,
줄기가 여린 튤립은 물을 적게 넣었다.

바른 보관 방법　　잘못된 보관 방법

7. 투명한 플라스틱 혹은 유리 화기에 보관한다

절화는 뿌리 없이 오로지 줄기로만 수분을 흡수해 생명을 유지하는 만큼, 물의 양과 수질이 중요하다. 투명한 화기에 절화를 보관하면 물 높이와 청결도, 줄기와 물이 닿았는지 등을 한눈에 확인할 수 있어 관리하기 편하다.

8. 꽃냉장고 온도는 계절마다 다르게 설정한다

절화는 온도에 민감하므로 꽃냉장고 내부와 외부의 온도 차이가 너무 크면 안 된다. 봄과 가을은 9~11도로 유지하고, 여름에는 이보다 높은 11~13도, 겨울에는 평균온도보다 낮은 7~9도로 설정한다.

9. 약하고 상하기 쉬운 꽃은 냉장고 위 칸에 넣는다

보통 냉장고 위 칸은 대부분 사람의 눈높이와 비슷하다. 따라서 고가의 꽃이나 약하고 상하기 쉬운 꽃은 냉장고 위 칸에 따로 진열하여 최대한 손이 덜 닿게 하고, 꺼낼 때도 주의해서 꺼내서 꽃이 상하지 않도록 한다. 냉장고 아래 칸은

IC CONTROL
RUN FAN F.L
건영冷機

뒤쪽부터 라인 플라워나 줄기가 긴 꽃 위주로 배치한다. 중간에는 매스 플라워와 폼 플라워를, 앞쪽에는 처음부터 줄기가 짧거나 가지치기를 한 꽃 위주로 배치한다. 소재는 냉장고 왼쪽이 벽에 닿아 있다면 왼쪽으로, 오른쪽이 벽에 닿아 있다면 오른쪽으로 놓는다. 꽃들 사이에 소재를 놓으면 대부분 가지가 많이 뻗어 있어서 꺼낼 때 다른 꽃들이 걸려 따라 나오는 경우가 많기 때문이다. 미리 제작해둔 상품 수가 많을 때는 냉장고 위쪽에 있던 절화를 아래로 내린다. 단, 가지치기를 한 꽃 뒤에 놓아 고가의 꽃이 최대한 덜 상하도록 신경 쓴다.

Tip

요즘은 과일꽃바구니 주문도 적잖이 들어오는데, 과일에 있는 생장촉진호르몬 에틸렌이 꽃들을 금방 시들게 하므로, 과일은 절대 꽃냉장고에 두면 안 된다.

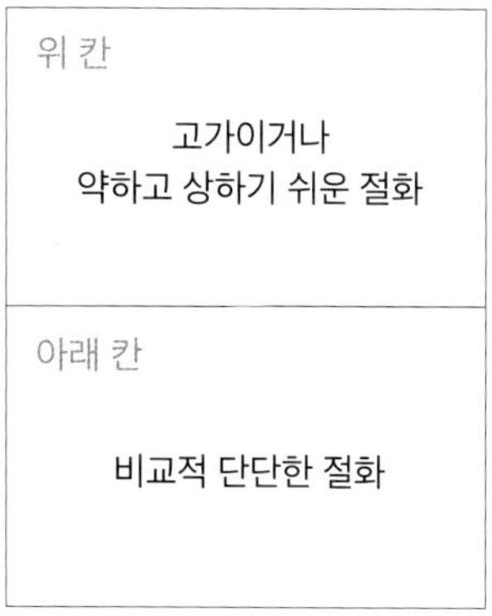

정면에서 본 냉장고 진열

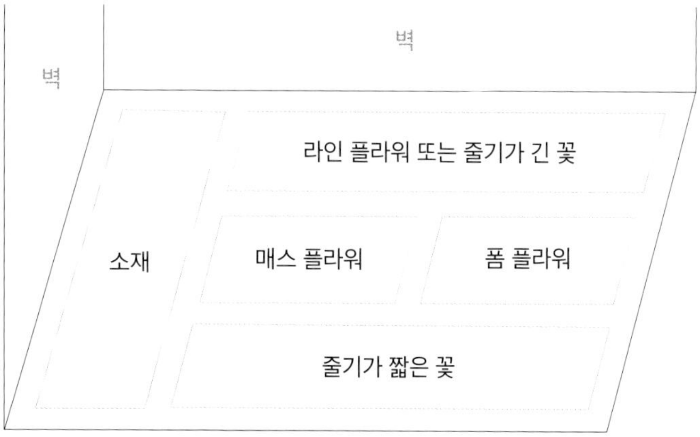

냉장고 아래 칸에 꽃을 진열하는 순서

물올림을 하는 다양한 방법

절화는 앞서 언급한 것처럼 수시로 컨디셔닝을 해야 한다. 절화 특성에 맞게 다음 물올림 방법들을 적용하여 절화 수명을 유지·연장할 수 있도록 한다.

사선 처리

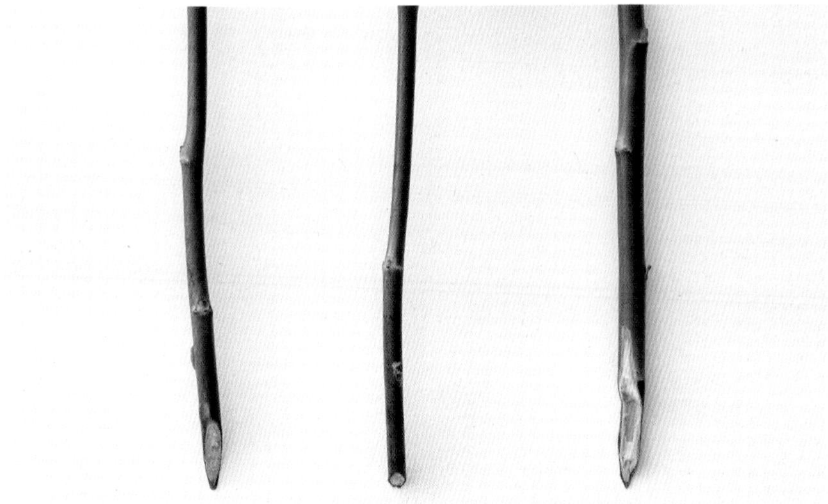

바른 사선 처리　　애매한 사선 처리　　잘못된 사선 처리

물올림을 위한 가장 기본적인 줄기 끝 처리 방법이다. 물을 흡수하는 면적이 넓도록 줄기 끝을 사선으로 자른다. 45도보다 더 예리한 사선으로 잘라야 한다. 많은 플로리스트가 편의성 때문에 가위를 많이 사용하지만, 사선 처리의 원칙은 플로럴 나이프로 예리하게 자르는 것이다. 가위로 자른다면 줄기가 짓눌리지 않도록 유의한다.

Tip

물올림을 한 지 하루 이틀 정도 지나면 절화 상태에 따라 다시 줄기를 잘라야 한다. 이때 줄기를 깨끗한 물에 말끔하게 씻어낸 다음 잘라야 하며, 세제로 깨끗하게 닦은 물통에 물을 채운 뒤 꽂는다.

물속 자르기

도관에 공기층이 생기는 것을 막기 위해 줄기를 물속에 넣고 자르는 방법이다. 줄기를 물속에 최소 5cm 이상 담근 후 자른다. 자른 절화는 바로 냉장고 진열용 화기에 넣어 보관한다.

열탕 처리

도관을 팽창시켜 꽃을 오래가게 하는 일종의 충격 요법이다. 주로 진액이 나오는 옥시페탈룸이나 줄기가 두꺼운 스토크, 국화, 해바라기, 작약 등에 열탕 처리를 가한다. 열기가 꽃얼굴이나 잎에 영향을 줄 수 있으므로 이 부분은 신문지나 습자지로 감싼 뒤, 줄기 끝 약 5cm를 80~100도 되는 뜨거운 물에 30초 이하로 넣었다가 뺀다. 그다음 얼음물이 담긴 깨끗한 진열용 화기에 담근다. 열탕 처리했던 줄기 부분을 잘라 다시 깨끗한 물이 담긴 진열용 화기에 보관한다.

미열 처리

열탕 처리는 줄기가 단단한 절화 위주로 하지만 미열 처리는 모든 절화에 할 수 있다. 줄기를 자른 후 미지근한 물에 담가두면 도관 안에 있던 공기층이 빠져나오는 것을 볼 수 있다. 미열 처리는 특히 수국에 효과적이다. 수국은 꽃의 크기에 비해 줄기가 가늘어서 수명이 다하기도 전에 꽃얼굴이 쉽게 시드는데, 이때 미지근한 물에 수국 얼굴 전체를 담가두면 30분 후 다시 건강한 수국을 볼 수 있다.

수국처럼 물내림이 빠른 꽃을
미열 처리할 때는 줄기 끝에
워터튜브를 꽂아두는 것이 좋다.

줄기 두드리기

클레마티스처럼 목질화(식물이 자라면서 줄기가 나뭇가지처럼 단단해진 상태)된 줄기는 예리하게 사선 처리를 해도 물올림이 어려울 때가 있다. 이때는 줄기 끝을 가윗날의 등 부분으로 두드리면 물올림하기에 좋다.

줄기 십자로 쪼개기

목질화된 단단한 줄기 중에도 설유화나 조팝나무 등 두꺼운 나무줄기는 줄기 두드리기를 통해 물올림하기 어려우므로 줄기 끝을 전지가위를 이용해 십자로 잘라주면 좋다.

탄화 처리

줄기가 강하고 진액이 나오는 옥시페탈룸 같은 꽃에 적용한다. 열탕 처리와 마찬가지로 일시적으로 도관을 팽창시켜 물올림이 좋아진다. 동시에 줄기 끝이 소독되는 효과가 있다. 줄기 끝 3cm 미만을 캔들 라이터나 촛불 등으로 잠시 그을린 다음 찬물에 곧바로 헹구거나 담근다. 열탕 처리와 마찬가지로 검게 그을린 부분은 자른 후 보관한다. 단, 탄화 처리한 절화라고 하더라도 진액이 나올 수 있다. 따라서 다른 절화와 함께 물통에 꽂아두면 진액으로 인해 다른 절화의 도관이 막힐 수 있으므로 따로 담아야 한다.

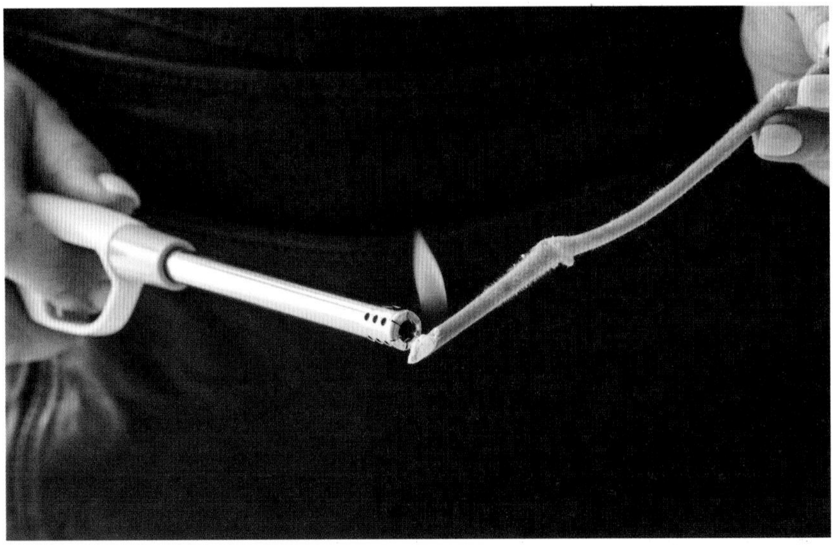

물올림에 신경 써야 할 절화

국화, 소국, 클레마티스

줄기가 나무라서 칼로 자르면 위험하다. 손으로 부러뜨리거나, 가위로 사선으로 자른 뒤 줄기 끝을 두드려서 물올림이 잘되도록 해야 한다. 줄기가 두꺼운 꽃들은 사선 처리만으로는 물을 흡수하기 부족하므로 가운데를 가르거나 십자로 쪼개서 물을 흡수할 수 있는 면적을 넓혀준다.

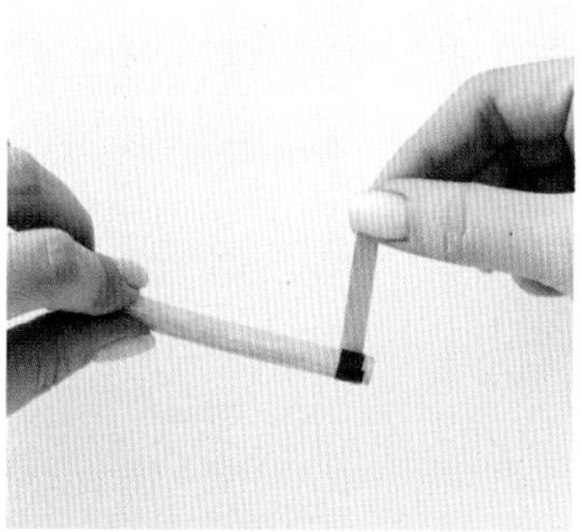

칼라는 줄기를 반듯하게 자른 후 플로럴 테이프로 감아서 보관한다.

칼라, 튤립

줄기 조직이 일자로 뻗어 있어 물속에 오래 두면 줄기 끝이 말려 올라가서 물올림이 어려워진다. 따라서 줄기 끝을 사선 처리하지 말고 사진처럼 반듯하게 자른 후 투명 테이프나 플로럴 테이프로 끝을 감아서 말려 올라가지 않도록 한다. 고객에게 집에 가서 줄기를 반듯하게 잘라 물에 담가두라고 설명하는 것을 잊으면 안 된다.

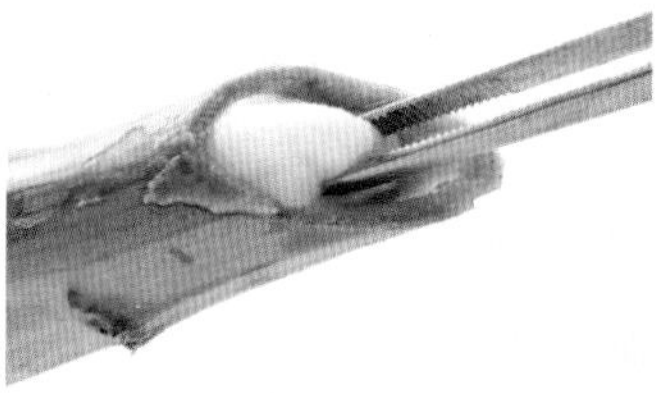

델피니움은 줄기에 코끼리 병으로 물을 넣은 다음 핀셋으로 솜을 넣어 보관한다.

달리아, 아마릴리스, 델피니움

줄기는 두껍지만 속이 텅 비어 있으므로 물에 적신 솜을 줄기 안에 넣는다. 이렇게 하면 물내림이 더뎌지고, 줄기 안에 압력이 생겨서 줄기가 구부러지거나 부러지는 걸 막을 수 있다.

수국

하나의 줄기에 큰 꽃얼굴이 달린 수국은 줄기 통로가 좁아서 일반적인 물올림만으로는 충분하지 않다. 그래서 스프레이로 꽃얼굴에 물을 뿌려주고, 잎을 제거해 줄기를 깨끗하게 정리한다. 수국이 시들었다면 미지근한 물에 꽃얼굴을 30분쯤 담가두면 살아난다. 반대로 잎이 얇은 라넌큘러스나 카네이션은 꽃잎에 물이 닿으면 녹아버리니 주의해야 한다.

DOTT
Flower
Contest
120,000

7

상품 제작

여기에서 소개하는 상품 제작 방법은
가장 기본적인 원칙을 중심으로 했다.
실무적인 노하우를 추가해서
제시한 꽃 외에 다른 꽃으로 디자인해보자.

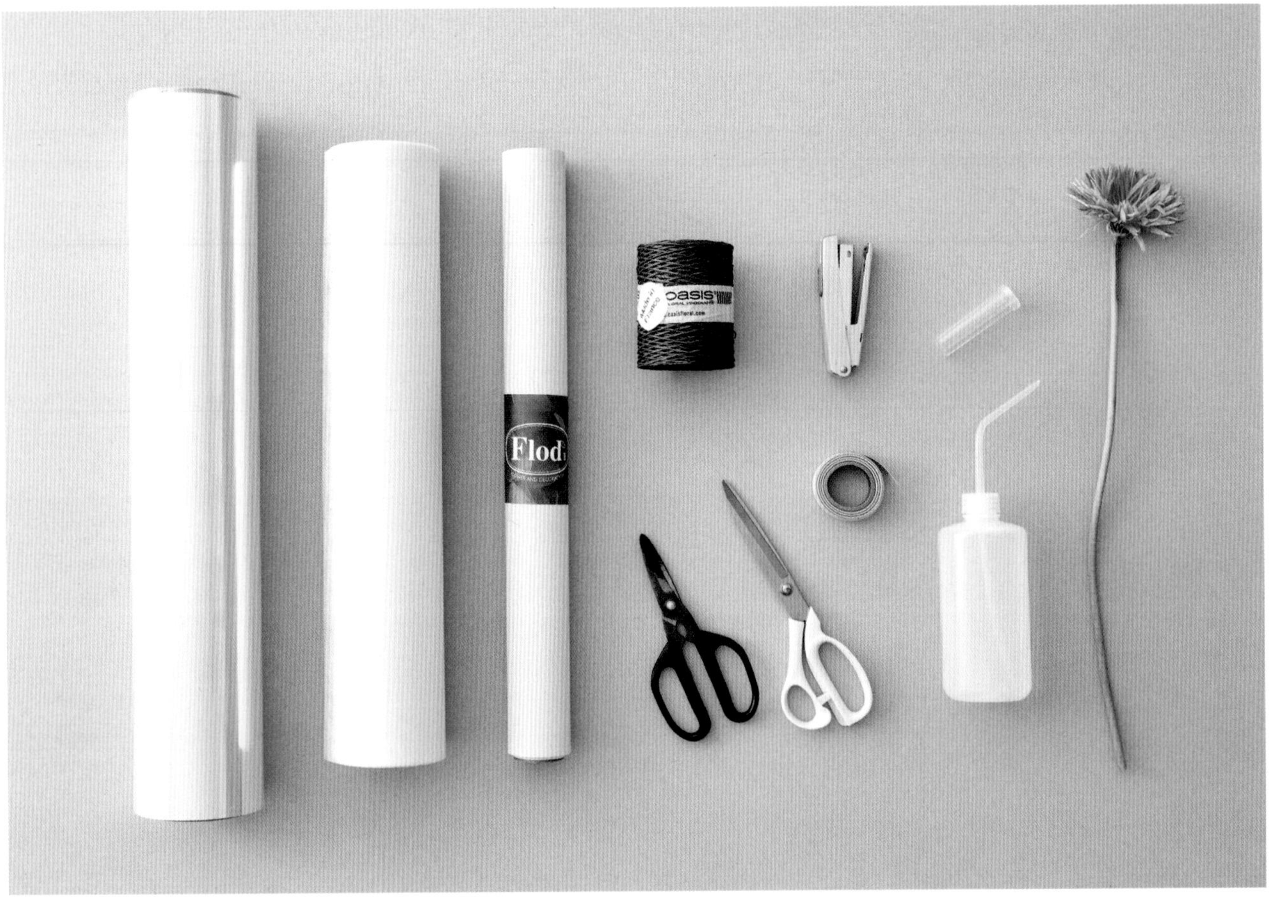

한 송이 포장

한 송이 꽃이 허전해 보이지 않게,
포장지로 볼륨을 만들어 포장하는 것이
핵심이다.

준비물

꽃가위
리본 가위
투명 OPP 포장지
부직포
플로드지 II
바인딩 와이어
스테이플러
워터튜브
리본
코끼리 병
영양제 물(수명연장제를 섞은 물)

1 컨디셔닝 다시 하기

꽃을 한 송이 준비한 후 바인딩 포인트 아래 줄기와 꽃잎을 깨끗하게 다듬는다.

2 플로드지 II 와 투명 OPP 포장지 자르기

플로드지 II 와 부직포를 꽃의 약 2.5~3배 너비로 자른다. 부직포는 2장을 자르고, 한 장은 다시 가로로 절반을 잘라 사진처럼 준비한다. 투명 OPP 포장지는 플로드지 II 나 부직포에 비해 좀더 여유 있게 자른다.

3 부직포 포장지 주름 잡기

가장 큰 부직포를 겹쳐 접어 스테이플러로 고정해놓고, 나머지 두 개도 사진처럼 주름을 잡아 준비한다.

4 바인딩 포인트 잡기

투명 OPP 포장지와 플로드지II를 깐다. 스테이플러로 고정했던 가장 큰 부직포를 포장지 가운데 놓고, 그 위에 꽃을 올린다. 그다음 준비했던 작은 부직포 2개를 꽃 위에 사진처럼 올려 볼륨을 만든 뒤 바인딩 포인트를 잡는다.

5 포장하고 묶어주기

바인딩 포인트를 유지한 채 플로드지II와 투명 OPP 포장지로 감싼 다음 바인딩 와이어로 단단하게 묶는다.

6 리본 묶기

어울리는 리본을 선택해 묶는다.

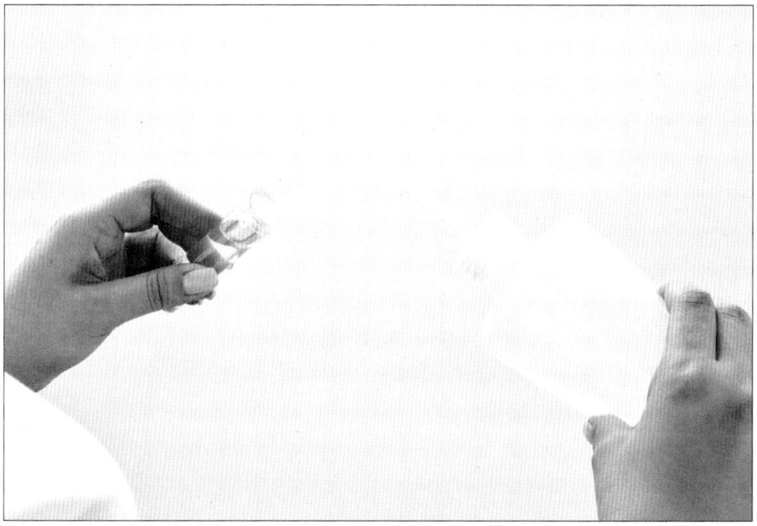

7 물처리하기

줄기 끝을 영양제 물을 넣은 워터튜브에 꽂아 마무리한다. 이렇게 해야 고객이 이동하는 동안에도 수분이 계속 공급된다.

Tip

워터튜브에 물을 넣을 때는 코끼리 병을 이용하는 것이 위생적이고 편리하다.

라운드 꽃다발

가장 기본적인 꽃다발이다.
사방에서 반구형으로 보이도록
줄기를 나선형으로 돌려가며 완성한다.

준비물

꽃가위
리본 가위
투명 OPP 포장지
플로드지 II 2종
스템 티슈
바인딩 와이어
물처리용 비닐
리본
코끼리 병
영양제 물

1 컨디셔닝 다시 하기

냉장고 안에 있는 꽃들은 기본적인 컨디셔닝이 끝났지만, 꽃다발 제작을 위해서는 바인딩 포인트 아래 줄기와 꽃잎 등을 다시 깨끗하게 컨디셔닝해야 한다.

2-1

2-2

2 바인딩 포인트 정하기

줄기가 단단한 꽃(카네이션)을 중심으로 정하고 두세 송이를 앞뒤 사선으로 잡아준다. 일반적인 꽃다발 제작 시에는 꽃얼굴을 기준으로 한 뼘보다 좀더 아래를 바인딩 포인트로 한다. 신부 부케나 작은 꽃다발을 제작할 때는 기울기 각도가 작아지도록 위쪽으로 잡고(2-1 사진 참고), 대형 꽃다발을 제작할 때는 기울기 각도가 커지도록 기본 바인딩 포인트보다 좀더 아래로 잡는다(2-2 사진 참고).

3 스파이럴 시작하기

오른손잡이는 꽃을 왼손으로 잡고, 새 꽃은 오른손으로 꽂는다. 꽃을 잡을 때는 엄지, 검지, 중지 손가락만 이용한다. 줄기가 단단한 꽃 한 송이를 수직으로 잡아 중심 꽃으로 삼는다. 두번째 꽃은 중심 꽃의 앞부분을 기준으로 꽃얼굴이 왼쪽, 줄기 끝이 오른쪽을 향하게 사선으로 넣는다. 꽃을 차례로 한 송이씩, 중심 꽃을 기준으로 나선처럼 한 바퀴 둘러지게 반복해서 넣는다.

4 사방으로 꽃 넣기

꽃 양이 많아져도 주먹이 아닌 엄지, 검지, 중지 세 손가락을 이용해 스파이럴을 잡아준다. 큰 꽃다발이라고 하더라도 약지와 새끼손가락은 받쳐주는 역할만 해야 한다. 라운드 형태가 되도록 양옆과 앞뒤에도 꽃을 넣어준다.

5 바인딩 포인트 묶기

꽃다발이 어느 정도 형태를 갖췄다면 포장하기에 앞서 바인딩 와이어로 줄기를 단단하게 묶어준다. 이때 줄기가 다치지 않게 주의한다.

6 줄기 자르기

전체적인 크기와 비율을 고려해 줄기를 자른다. 단, 물처리를 위해 사선으로 잘라야 한다.

> **Tip**
> 신부 부케는 모든 줄기를 일자로 자른다 (159쪽 참고).

7 물처리하기

스템 티슈에 영양제 물을 적셔서 줄기를 감싼 후 물처리용 비닐을 씌운다. 그다음 바인딩 포인트에 맞춰 묶어준다. 더 많은 물이 필요할 때는 꽃다발을 완성한 후 깔때기를 만들어 물을 채워준다(122쪽 참고).

8 포장지 재단하기

꽃다발의 비율에 맞추어 속지와 겉지용 플로드지Ⅱ, 투명 OPP 포장지를 미리 자른다. 속지와 겉지용 플로드지Ⅱ는 꽃을 가리지 않는 높이로, 투명 OPP 포장지는 꽃다발 높이보다 좀더 높게 잘라 꽃을 감쌀 수 있게 했다.

9 속지 포장하기

잘라둔 플로드지Ⅱ를 바닥에 두고 꽃을 올린 다음 바인딩 포인트에 맞춰 주름을 잡는다.

10 겉지 포장하기

한 손으로 바인딩 포인트를 잡은 채 속지와 비슷한 높이로 교차하도록 겉지용 플로드지Ⅱ로 한 번 더 포장한다. 투명 OPP 포장지로 전체를 감싸고 바인딩 포인트를 바인딩 와이어로 묶어 준다.

11 리본 묶기

어울리는 리본을 선택해 묶는다.

12 마무리하기

물이 더 필요하면 깔때기를 만들어 영양제 물을 더 채운다. 완성한 후에는 반드시 세워서 보관하며, 이동 중 물이 흐르지 않도록 쇼핑백에 담아서 고객에게 제공한다. 물이 흐를 수 있으니 꼭 세워서 보관하라는 말도 잊지 않는다.

Tip

추가로 물처리를 하기 전에 고객에게 이동 시간을 물어보고 물의 양을 정해야 한다. 보통 1~3시간은 스템 티슈에 물을 흠뻑 적시는 정도로, 5시간 이상은 물처리용 비닐의 3분의 1정도로 물을 채운다.

1

2

깔때기로 물 추가하기

1 투명 OPP 포장지를 잘라 고깔 모양으로 돌돌 만 뒤 테이프로 고정해 깔때기를 만든다.

2 투명 OPP 포장지로 만든 긴 깔때기의 양쪽 입구를 잘라 작업하기 편한 길이로 맞춘다. 한쪽 입구는 3~5cm, 다른 쪽 입구는 줄기가 들어갈 정도로 좁게 만든다.

3 투명 OPP 포장지로 만든 깔때기를 꽃들 사이로 안전하게 꽂은 다음 코끼리 병으로 물을 천천히 붓는다(12번 사진 참고).

스탠드 꽃다발

스탠드 꽃다발은 모든 꽃이 한눈에 계단 형태로 보이는 꽃다발이다. 적은 양의 꽃으로도 커 보이는 효과를 누릴 수 있다. 졸업식과 연주회 등을 찾는 고객에게 권하기 적합하다.

준비물

꽃가위
리본 가위
투명 OPP 포장지
플로드지II 2종
스템 티슈
바인딩 와이어
물처리용 비닐
리본
코끼리 병
영양제 물

1 컨디셔닝 다시 하기

냉장고 안에 있는 꽃들은 기본적인 컨디셔닝이 끝났지만, 꽃다발 제작을 위해서는 바인딩 포인트 아래 줄기와 꽃잎 등을 다시 깨끗하게 컨디셔닝해야 한다.

2 스파이럴 시작하기

세 송이를 시작으로 준비한 소재와 꽃을 종류별로 배치해 적당한 스파이럴 각도를 잡는다. 중심을 기준으로 양옆에 꽃을 더 넣어 안정감을 준다.

3 평면적으로 꽃 배치하기

라운드 꽃다발이 꽃을 사방으로 넣어 입체적이라면, 스탠드 꽃다발은 꽃을 중앙에서 시작해 위와 아래를 번갈아가며 배치해서 평면적이다. 위쪽은 라인 플라워를, 아래쪽은 시각적인 안정감을 위해 꽃얼굴이 적당한 매스 플라워나 소재로 받쳐주면 풍성해 보인다. 부채처럼 양옆으로 꽃을 넣으면 더욱 커 보인다.

4 깊이감 표현하고 바인딩 포인트 묶기

꽃 사이사이에 소재를 넣는다. 긴 꽃은 위로 배치하는데, 이때 정면에서 꽃얼굴이 보이도록 꽂는다. 잔잔한 꽃들은 틈마다 넣으면 사진처럼 옆에서 보아도 깊이감이 생긴다. 형태가 잡혔다면 바인딩 와이어로 줄기를 단단히 묶고, 줄기 끝을 잘라준다. 물처리를 한다(120쪽 7번 참고).

5 포장지로 볼륨 만들기

스탠드형 꽃다발은 위아래 위주로 꽃을 넣기 때문에 자칫 앞뒤 볼륨 없이 납작해 보일 수 있다. 앞쪽에 포장지를 올려 볼륨을 만들어준다.

6 속지 포장하기

속지용 플로드지Ⅱ 두 장을 꽃다발의 배경을 만들어주듯 뒷면에 깐 뒤 바인딩 포인트를 잡아 주름을 준다.

7 겉지 포장하기

스탠드 꽃다발의 경우 라운드 꽃다발에 비해 위로 높은 다발이므로 포장을 통해 양옆에 볼륨을 만들어 균형감을 주는 게 좋다. 겉지용 플로드지Ⅱ로 양옆에 날개처럼 볼륨을 만들고 바인딩 포인트에 맞춰 주름을 잡는다.

8 포장 마무리하기

투명 OPP 포장지로 포장한 뒤 바인딩 와이어로 묶어 마무리한다. 추운 날씨에는 투명 OPP 포장지로 앞면까지 전체를 감싸 꽃을 추위로부터 보호한다. 어울리는 리본을 선택해 묶는다.

9 마무리하기

물처리를 했기 때문에 이동 중 물이 흐르지 않도록 쇼핑백에 세워 담아서 고객에게 건네준다.

Tip

졸업식 꽃다발의 경우 장시간 외부에 노출되므로 어느 정도 물처리는 필요하지만, 영하의 날씨에는 물이 얼거나 꽃이 냉해를 입을 수 있어 약간의 물만 채운다.

라운드 센터피스

화기에 플로럴 폼을 넣고 꽃을 꽂아 어느 각도에서 봐도 풍성한 꽃들을 감상할 수 있게 완성한다. 기본적인 형태로, 매스 플라워를 활용했다. 주로 테이블 위에 놓는 용도로 제작한다.

준비물

꽃가위
플로럴 폼 나이프
플로럴 폼
코끼리 병
영양제 물
화기
(선택: 돌림판)

1 플로럴 폼 재단하기

플로럴 폼을 화기 지름에 맞춰 재단한다. 플로럴 폼을 아래에 두고 화기로 눌러 자국을 낸 뒤 그에 맞춰 자르면 편하다.

2 플로럴 폼 모서리 다듬기

플로럴 폼을 화기보다 3cm쯤 높게 올라오게 넣는다. 화기 깊숙이 넣으면 줄기가 화기에 걸려 자연스러운 연출이 어렵다. 그다음 사진처럼 모서리를 잘라 꽃을 꽂기 좋게 면적을 넓힌다.

3 물 채우기

플로럴 폼 준비를 마쳤다면 화기에 물을 넣는다. 물은 화기 높이의 3분의 1 정도를 넣는다.

> **Tip**
>
> 앞서 자르고 남은 플로럴 폼 조각을 짜면 물이 나오므로 이를 바로 버리지 말고 알뜰하게 활용하는 것도 좋다.

4 그린 소재 배치하기

화기에 맞춰 그린 소재(냉이, 유칼립투스 파블로)로 센터피스의 전체적인 크기와 높이를 설정한다. 이때 그린 소재는 사진처럼 방사형으로 꽂는다.

5 매스 플라워 배치하기 1

첫번째 매스 플라워인 장미는 전체적인 너비와 높이를 정하는 기준이 된다. 첫번째 꽃은 화기 중앙에 수직으로 꽂는다. 두번째 꽃은 꽃얼굴이 화기 정면을 보고 첫번째 꽃과 90도가 되도록 꽂아준다. 남은 세 송이는 시계 방향으로 돌려가며 두번째 꽃과 마찬가지로 꽂아 위에서 보았을 때 사진처럼 되도록 준비한다.

6 매스 플라워 배치하기 2

핑크 카네이션 네 송이를 장미 사이 45도 지점에 자연스럽게 기울여서 꽂는다. 그다음 흰색 카네이션을 장미와 장미 사이에 사진처럼 꽂아 채운다.

7 매스 플라워 배치하기 3

마지막으로 리시안셔스를 먼저 꽂은 카네이션 반대편에 45도로 각도로 네 송이를 꽂아 채워준다. 옆에서 보았을 때 사진과 같은 모양이 되면 된다.

8 필러 플라워 배치하기

비어 있는 공간을 필러 플라워(냉이, 옥시페탈룸, 스토크)로 채우는데, 이때 전체적인 모양새가 흐트러지지 않도록 길이와 높이를 신경 쓴다. 가장자리가 비었을 때는 꽃의 줄기를 짧게 잘라 꽂아줘야 가득 차 보인다.

꽃바구니

운반과 보관이 편리하고 사방에서 풍성한 느낌으로 감상할 수 있어 고객들이 꾸준히 찾는다. 꽃다발과 함께 기본적으로 제작할 수 있어야 한다.

준비물

꽃가위
플로럴 폼 나이프
플로럴 폼
방수지 또는 투명 OPP 포장지
코끼리 병
영양제 물
손잡이 있는 라운드형 바구니
(선택: 리본 가위, 리본, 돌림판)

1 플로럴 폼 준비하기

바구니에 맞게 자른 플로럴 폼을 물이 새지 않게 방수지 또는 투명 OPP 포장지로 감싸 바구니에 넣고 잘 고정한다. 바구니가 높은 경우에는 습자지 또는 신문지 등을 바구니 바닥에 깐 뒤 그 위에 플로럴 폼을 올리면 된다. 바구니 높이보다 5cm 정도 더 올라와야 꽃을 꽂기 좋다.

2 영양제 물 채우기

영양제를 섞은 물을 플로럴 폼에 살짝 부어 작업하는 동안 마르지 않도록 수분을 보충한다.

3 전체 모양 잡기

그린 소재(설유화, 가침박달나무, 냉이 등)를 꽂아 전체 형태를 잡는다. 바구니를 들 수 있도록 손잡이 쪽에 여유를 두어야 한다.

4 폼 플라워 배치하기

폼 플라워(호접란, 앤슈리엄)로 포인트를 먼저 잡는다. 손잡이가 있는 한가운데와 맨 끝은 피하도록 하며, 중앙에서 바깥으로 향하는 3분의 1지점, 바깥에서 중앙으로 향하는 3분의 1지점에 꽂으면 시각적으로 안정적이고 균형감 있어 보인다.

5 매스 플라워 배치하기

첫번째 매스 플라워(흰색 장미)로 공간 일부를 채운다. 원하는 곳에 장미 세 송이를 모아 꽂아서 포인트를 주고(그룹화), 그 반대 지점에 한 송이, 다른 쪽에 한두 송이를 꽂아주면 보기 좋다. 이때 꽃의 높낮이를 다르게 해서 깊이를 표현한다. 두번째 매스 플라워인 크림카네이션과 세번째 매스 플라워인 별튤립도 같은 방식으로 플로럴 폼을 가리듯 채워가며 꽂는다.

6 라인 플라워 배치하기

선이 분명하고 잔잔하지만 줄기가 단단해 한두 송이만으로도 포인트 주기 좋은 꽃(델피니움, 아스틸베)을 선택해 아름다운 라인이 돋보이게 바구니 뒤쪽으로 높게 꽂는다.

7 필러 플라워 채우기

필러 플라워(마거리트, 헬레보루스) 또는 남은 소재로 공간을 채우며 전체적인 형태를 벗어나지 않는 선에서 마무리한다. 리본을 손잡이나 바구니에 둘러 완성할 수 있다.

와인 꽃바구니

꽃바구니에 와인을 더해 한층 고급스러운 느낌으로 완성한다. 제작할 때는 바구니와 와인 형태, 꽃이 조화롭게 어울리도록 신경 써야 한다.

준비물

꽃가위
리본 가위
플로럴 폼 나이프
플로럴 폼
방수지 또는 투명 OPP 포장지
습자지
리본
스카치테이프
손잡이 없는 바구니
와인
(선택: 돌림판)

1 **플로럴 폼 준비하기**

먼저 와인을 놓을 위치를 정한 다음 나머지 공간은 크기를 재서 플로럴 폼을 잘라 넣는다. 플로럴 폼은 물이 새지 않도록 방수지나 투명 OPP 포장지로 각각 감싸서 넣고, 와인 아래 남는 공간은 습자지로 채워 높이를 조절한다.

2 **그린 소재로 형태 잡기**

손잡이가 없는 바구니인 만큼 단조로워 보이지 않도록 그린 소재(야자, 설유화, 보리사초)로 높낮이를 표현한다. 미리 간단하게 스케치해도 좋고, 머릿속으로 전체적인 디자인을 상상한 뒤 표현해도 좋다.

3 **폼 플라워 배치하기**

와인의 느낌에 맞춰 고급 꽃을 택하는 것이 좋다. 난과식물이나 개성 있고 또렷한 형태의 폼 플라워(칼라)를 먼저 꽂는다.

> **Tip**
>
> 와인 로고가 가려지지 않게 꽃을 배치해야 한다.

4 매스 플라워 배치하기

매스 플라워(블루 카네이션, 에린기움)로 플로럴 폼을 가려주며 꽂는다. 아직 꽃을 피우지 않은 매스 플라워는 높은 위치에, 얼굴이 큰 매스 플라워는 아래쪽에 배치하면 균형을 이룬다.

5 블루밍한 꽃 배치하기

색다른 느낌을 주도록 폼 플라워인 튤립을 사진 오른쪽처럼 블루밍해서 꽂는다. 블루밍할 때 꽃잎이 차가우면 찢어지기 쉬우므로 미리 꽃냉장고에서 꺼내두는 것이 좋다.

6 나머지 꽃 채우기

비어 보이는 공간을 소재(블루 물망초, 프리틸라리아, 헬레보루스)로 채운다.

7 리본 묶기

바구니에 리본을 묶어 완성한다.

BREAD &
2020

그리드 화병 꽂이

그리드(grid, 격자무늬)를 만들어 꽃이 한쪽으로 쏠리지 않도록 화병에 꽃꽂이를 하는 기법이다. 적은 양의 꽃을 화병에 넣어도 흐트러지지 않고 풍성한 느낌이 난다.

준비물

꽃가위
전지가위
피니싱 터치
수명연장제
스카치테이프
화병
(선택: 돌림판)

1 스카치테이프로 격자무늬 만들기

먼저 화병에 영양제 섞은 물을 사진처럼 가득 채운다. 그다음 화병 입구에 격자무늬로 스카치테이프를 붙인다.

2 스카치테이프 접착면을 접어 공간 만들기

간격을 촘촘히 해서 칸을 여러 개 만들면 꽃을 쉽게 고정할 수 있지만 칸의 면적이 좁아져 꽂을 수 있는 꽃의 수는 더 적을 수 있다. 스카치테이프 접착면을 사진처럼 접어주면 공간이 더 넓어져 꽃을 많이 꽂을 수 있다.

3 그린 소재로 형태 잡기

그린 소재(라일락)를 손질해서 전체 높이와 너비를 정하며 형태를 잡는다. 줄기는 길게 잘라서 줄기 끝이 물에 충분히 닿을 수 있어야 한다.

Tip

매일 물을 갈아주는 게 화병 꽂이의 원칙이지만, 그리드 화병 꽂이는 자주 갈아줄 수 없으므로, 불필요하거나 지저분한 잎을 충분히 제거하는 게 좋다.

4 꽃 배치하기

필러 플라워와 라인 플라워를 교대로 꽂으면 되는데, 줄기가 약한 걸 가장 마지막에 꽂는다. 여기에서는 필러 플라워(온시리움), 라인 플라워(아마란스), 필러 플라워(데이지), 라인 플라워(스위트피) 순으로 꽂았다.

5 피니싱 터치 뿌리기

화병 입구에 스카치테이프를 붙여둔 상태라 매일 물을 갈아주기 힘들기 때문에 전체적으로 피니싱 터치를 분사한 후 마무리한다.

프러포즈 플라워 박스

박스 안을 꽃으로 채우기 때문에 용돈, 상품권, 액세서리 등을 함께 넣어 선물하기 좋은 상품이다. 꽃다발과 달리 처음 완성된 상태 그대로 오랫동안 보관할 수 있는 장점이 있다. 박스 뚜껑이 닫히는 게 좋은지, 꽃다발처럼 꽃이 보이는 게 좋은지 고객의 선호를 확인한 다음, 그에 따라 꽃줄기 길이와 디자인을 결정해야 한다.

준비물

꽃가위
핀셋
리본 가위
플로럴 폼 나이프(눈금 있는 것)
플로럴 폼
방수지 또는 투명 OPP 포장지
플라워 박스
보석함
(선택: 돌림판)

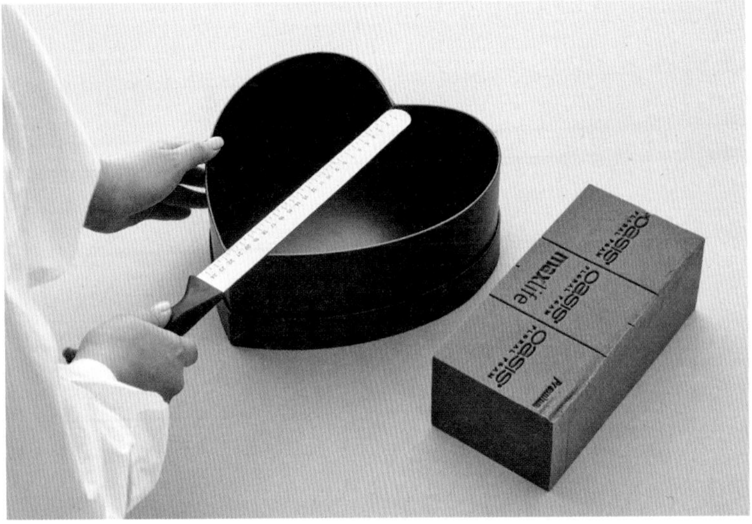

1 플로럴 폼 준비하기

플라워 박스 크기를 자 또는 눈금이 있는 플로럴 폼 나이프로 잰 다음 그 크기에 맞춰 플로럴 폼을 정확하게 자른다. 꽃이 플라워 박스 안에 들어가거나 조금 올라오도록 제작하므로 플라워 박스 높이가 낮으면 플로럴 폼 높이를 재단해야 하기도 한다.

2 보석함 자리 잡기

플라워 박스 면적보다 좀더 여유있게 자른 투명 OPP 포장지를 플라워 박스 안에 깔고 물을 머금은 플로럴 폼을 그 위에 올린다. 그다음 플로럴 폼 위에 보석함 크기에 맞춘 투명 OPP 포장지를 깔고 그 위에 보석함을 올려 자리를 잡는다. 보석함 자리를 비운 후 습자지 등으로 채워 높이를 맞춘 뒤 작업하기도 하니 선호에 따라 결정하면 된다.

3 소재 채우기

소재(학자스민)를 플라워 박스 테두리에서 안쪽으로 채워간다. 이때 소재가 플라워 박스 위로 너무 높게 튀어나오지 않도록 높이를 고려해 자른다.

4 꽃 꽂기

플라워 박스 높이에 맞춰 꽃들을 잘라가며 꽂는다. 얼굴이 큰 장미꽃으로 먼저 자리를 잡고, 그 다음 얼굴 크기가 중간쯤 되는 꽃들을 파베 기법(보석을 박듯 높낮이를 주지 않고 꽃을 촘촘하게 꽂는 기법)으로 사이사이에 꽂아준다. 마지막으로 얼굴이 작은 꽃을 살짝 높게 꽂아 밋밋하지 않게 만든다.

5 마무리하기

마지막으로 비어 보이는 공간에 소재나 장미를 더 꽂아 마무리한다. 꽃이 빼곡해지기 시작할 때 핀셋을 이용해 작업하면 수월하다.

프리저브드 플라워 박스

프리저브드 플라워는 약 3년간 보관할 수 있어 '천일화'라고도 부른다. 프리저브드 플라워 박스는 어버이날이나 기념일에 액세서리나 현금, 상품권 등을 함께 넣어 선물할 때 많이 찾는다.

준비물

꽃가위
핀셋
플로럴 폼 나이프
흰색 지철사
우레탄 폼
솜
플라워 박스

1 우레탄 폼 고정하기

우레탄 폼을 꽃이 꽂힐 정도로만 얇게 잘라 플라워 박스 바닥에 깐다. 잘 부서지는 플로럴 폼 대신 물기 없이 단단한 우레탄 폼을 사용하는 것이 더 좋다.

2 매스 플라워 준비하기

매스 플라워(장미, 카네이션)를 꺼내 핀셋으로 꽃잎 사이사이에 솜을 넣어 꽃얼굴을 크고 아름답게 보이도록 한다.

솜을 넣어 모양을 잡은 왼쪽 장미가
더욱 풍성해 보인다.

3 필러 플라워 준비하기

필러 플라워(미니 안개꽃)나 줄기가 짧은 꽃(수국)은 잘게 자른 뒤 다발처럼 모아서 흰색 지철사로 묶어 줄기를 만들면 꽂기 좋다.

4 꽃 꽂기

장미와 카네이션 같은 매스 플라워를 먼저 꽂아 자리를 잡고, 남은 꽃들을 파베 기법으로 촘촘하게 꽂는다.

5 마무리하기

꽃을 모두 꽂았다면, 플라워 박스 뚜껑을 덮는다. 이때 핀셋을 이용해 꽃잎을 안쪽으로 살짝 밀어넣으면 꽃잎이 뚜껑에 눌리거나 밖으로 튀어나오지 않는다.

신부 부케

신부가 오랫동안 손으로 들고 있으므로 제작할 때 신경 써야 한다. 온도에 민감하지 않고 물내림이 빠르지 않은 튼튼한 꽃으로 제작하면 좋겠지만, 외형이 정말 중요해서 유독 여리고 약하며 물내림이 빠른 꽃들도 많이 쓴다. 라운드 꽃다발만큼 티어드롭 부케도 인기 있다.

준비물

꽃가위
리본 가위
진주 핀
흰색 플로럴 테이프
피니싱 터치
습자지
스템 티슈
물처리용 비닐
리본
스카치테이프
부케 박스
(여름에는 얼음물)

부케에 자주 쓰는 꽃 준비하는 법

1 튤립은 온도가 높으면 꽃이 활짝 피기 때문에 최대한 서늘하게 보관해야 하며, 만들 때도 꽃들 사이사이에 배치하는 것이 좋다. 고무줄로 느슨하게 꽃얼굴을 고정해두었다가 신부가 꽃을 들 때 제거하기도 한다.

2 히아신스는 줄기가 약하므로 부러지지 않게 와이어링(줄기 속에 와이어를 넣어 형태를 만드는 기법)을 한다.

3 은방울꽃처럼 물내림이 빠른 꽃을 잡을 때는 손을 얼음물이나 찬물에 잠시 담가 온기를 뺀 후 꽃을 잡아야 한다. 보통 상품 제작 후에 피니싱 터치를 뿌리지만, 처음 컨디셔닝을 할 때 뿌려두면 상태를 유지하는 데 더욱 도움이 된다.

1 **컨디셔닝 다시 하기**

냉장고 안에 있는 꽃들은 기본적인 컨디셔닝이 끝났지만 부케 제작을 위해서는 바인딩 포인트를 기준으로 줄기와 꽃잎을 다시 컨디셔닝해야 한다.

2 **파랄렐 시작하기**

신부 부케는 스파이럴 기법이 아닌 줄기를 일자로 내려주는 파랄렐 기법(수평적·평행적으로 꽃의 줄기를 배치하는 방식)으로 제작한다. 우선 중심이 되는 꽃 한두 송이(칼라, 서양란)를 잡는다.

3 형태 잡기

꽃을 채워 부피감을 주며 정면에서 보았을 때 물방울을 뒤집은 형태로 만든다. 위쪽은 둥글게, 아래쪽을 점점 좁아지며 뾰족한 느낌으로 만들어가면 된다.

4 바인딩 포인트 묶기

바인딩 포인트를 위, 중간, 아래 또는 위, 중간 등 최소 두 포인트 이상 잡아 스카치테이프로 묶는다. 바인딩 와이어는 줄기를 눌러 상하게 할 수 있으므로 쓰지 않는다.

5 줄기 자르기

신부의 키와 손 크기 등에 맞춰 부케 길이를 정한 뒤 줄기를 가지런히 자른다. 줄기를 사선이 아닌 일자로 잘라야 수분 손실을 최소화할 수 있다.

6 흰색 플로럴 테이프 감기

부케는 크림, 아이보리, 화이트 톤의 밝은 리본을 많이 사용하기 때문에 리본으로 묶을 줄기 부분을 흰색 플로럴 테이프로 감는다.

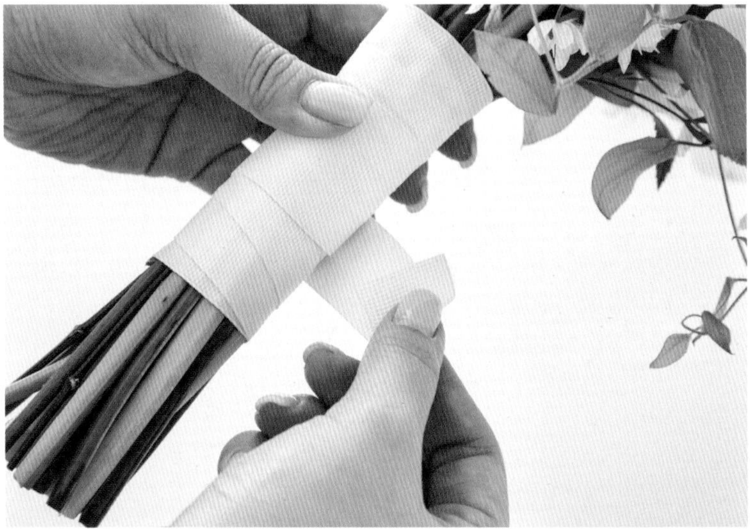

7 리본 감고 진주 핀으로 고정하기

흰색 플로럴 테이프 위로 리본을 감는다. 리본 끝부분은 올이 풀리지 않도록 안으로 접어 마무리하고, 리본이 풀리지 않게 진주 핀으로 단단히 고정한다.

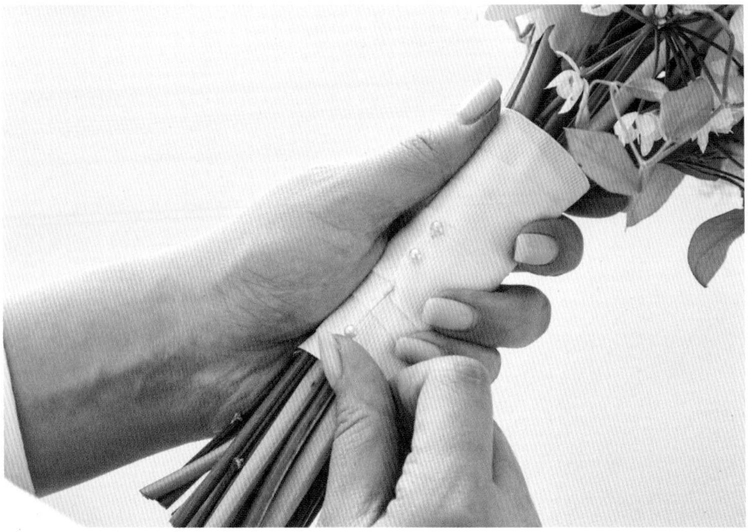

8 피니싱 터치 뿌리기

오랜 시간 외부에 노출되므로 수분이 날아가지 않도록 전체적으로 피니싱 터치를 뿌려준다.

9 물처리하기

줄기 끝부분을 물에 적신 스템 티슈로 감싸고 물처리용 비닐을 씌운다. 이때 줄기에 두른 리본에 물이 닿지 않도록 주의한다.

10 부케 박스 조립 후 고정하기

부케를 넣을 박스를 조립한 후 부케를 담는다. 이때 습자지로 빈 곳을 메워서 부케가 흔들려 꽃들이 상하지 않게 고정한다.

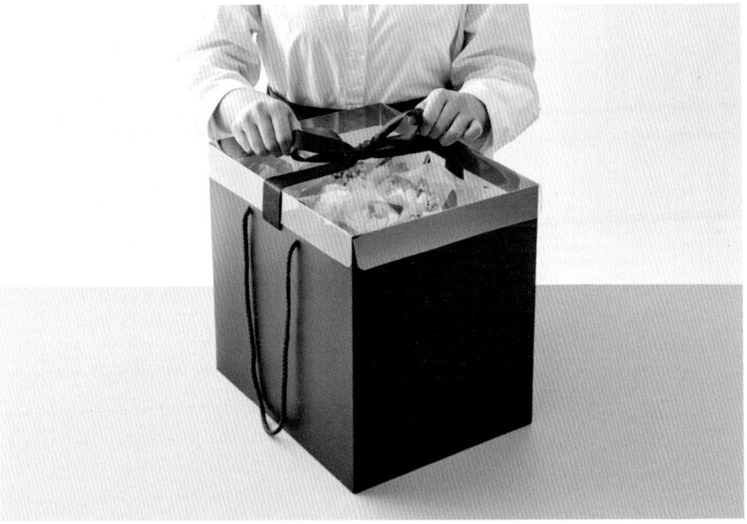

11 포장 마무리하기

완성한 부케는 주로 신부가 단장하는 곳으로 보낸다. 여러 사람의 부케 박스가 함께 쌓여 있는 경우가 많으므로, 부케 박스는 물에 젖지 않는 단단한 투명 뚜껑으로 덮어서 옆면에 신부의 이름을 부착해야 안전하다.

부토니에르

부토니에르는 주로 정장 가슴에 꽂는 남성용 코르사주로 부케와 같은 꽃으로 만들어 신랑 신부가 하나임을 표현한다.

준비물

꽃가위
리본 가위
진주 핀
자석 T핀
흰색 플로럴 테이프
피니싱 터치
투명 OPP 포장지
리본
스카치테이프
스테이플러
(선택: 로고 스티커)

1 꽃 고르기

신부 부케에 사용한 꽃 중 두세 송이를 골라 적당한 크기로 자른다.

2 파랄렐 시작하기

아주 작은 신부 부케라고 생각하며 꽃들을 파랄렐 기법으로 잡는다. 단 부토니에르는 신부 부케와 다르게 옷에 고정해야 하므로 그린을 뒤쪽에 배치해 배경을 만들어준다.

3 바인딩 포인트 묶기

스카치테이프로 바인딩 포인트를 묶는다.

4 자석 T핀 고정하기

자석 T핀을 부토니에르 뒷면에 놓고 흰색 플로럴 테이프로 단단하게 고정한다. 자석은 짝을 잘 맞춰두어야 한다.

> **Tip**
> 옷핀 대신 자석 핀을 쓰면 옷이 손상되는 것을 막을 수 있다.

5 줄기 자르기

신랑에게 맞는 크기로 줄기를 반듯하게 자른다. 부케와 마찬가지로 수분 손실을 최소화하기 위해 줄기를 사선으로 자르지 않는다.

6 리본 감고 진주 핀으로 고정하기

줄기를 리본으로 감은 다음, 리본이 풀리지 않도록 진주 핀으로 안전하게 고정한다. 피니싱 터치를 뿌린다.

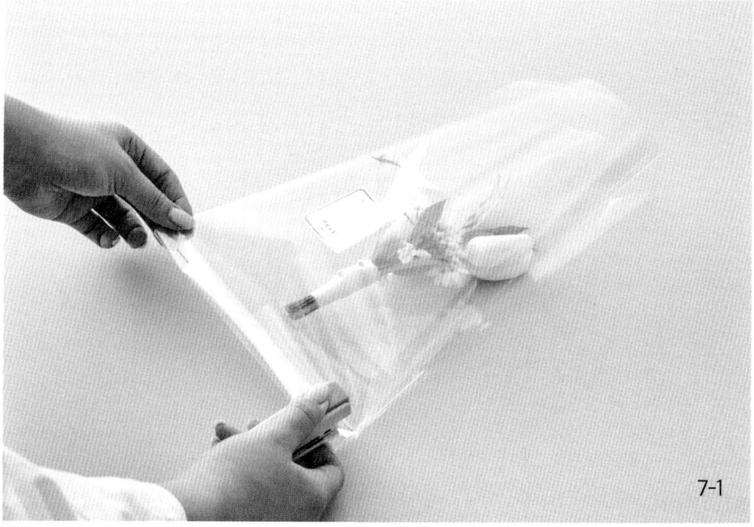
7-1

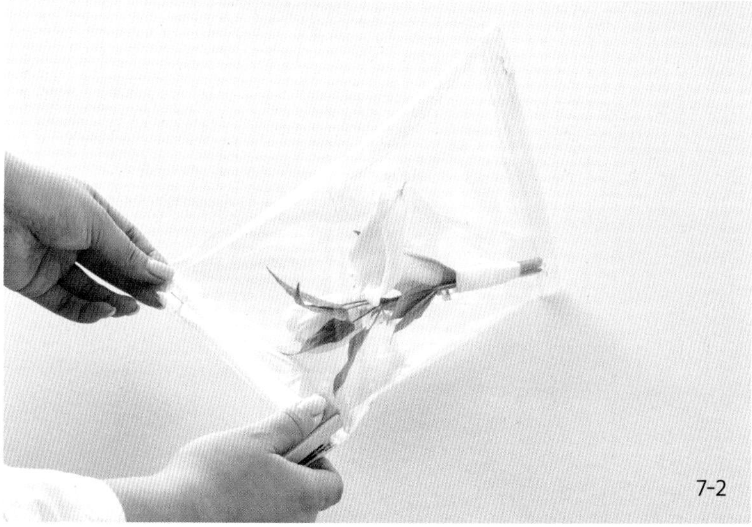
7-2

7 포장하기

투명 OPP 포장지 중앙에 꽃을 놓고 양쪽에서 모아 스카치테이프나 로고 스티커를 붙인다. 아래쪽을 말아 접어 스테이플러로 고정한 다음, 위쪽은 7-2 사진처럼 세로로 접어서 포장한 모양이 삼각뿔처럼 되도록 만든 뒤 마찬가지로 스테이플러로 고정한다. 이렇게 포장하면 이동 중 꽃이 망가지는 것도 막고, 수분도 유지할 수 있다.

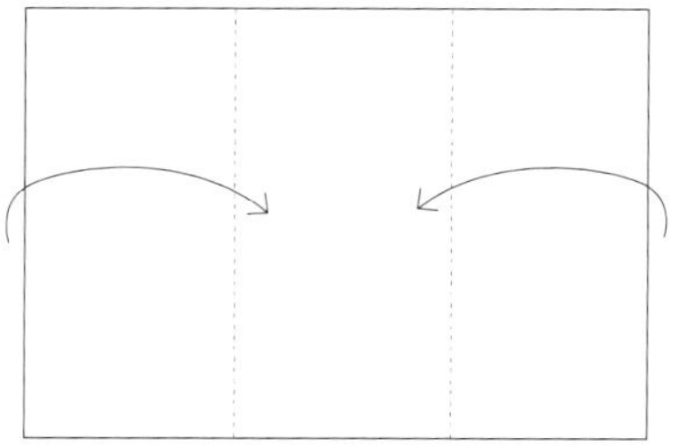
7-1

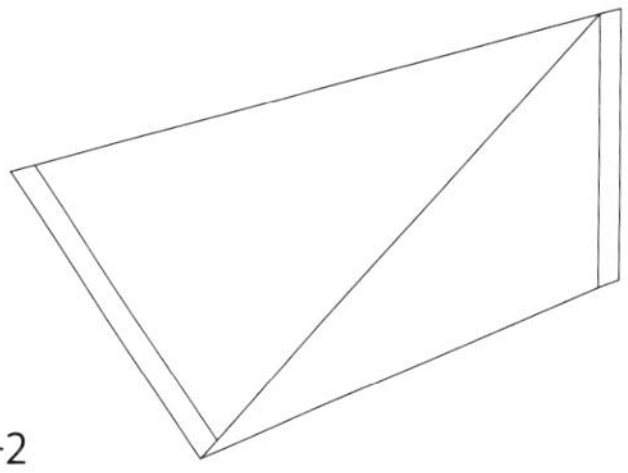
7-2

히아신스 화관

은은한 색과 단정한 모양의 화관으로 웨딩촬영이나 기념촬영 시 헤어에 과하지 않게 포인트를 줄 수 있는 소품이다. 꽃송이를 하나하나 떼어 잇기 때문에 꽃잎이 손상되지 않도록 주의한다.

준비물

꽃가위
롱노즈
니퍼
리본 가위
18번 와이어
피니싱 터치
리본
진주
원형 물통

1 꽃송이 떼기

히아신스 꽃송이를 사진처럼 하나씩 조심스럽게 잘라낸다.

2 피니싱 터치 뿌리기

화관을 만드는 동안 꽃송이가 마르지 않도록 피니싱 터치를 뿌려준다.

3 곡선 만들기

18번 와이어를 원형 물통에 감아 곡선을 만들어 화관 틀의 기본 모양을 갖춘다.

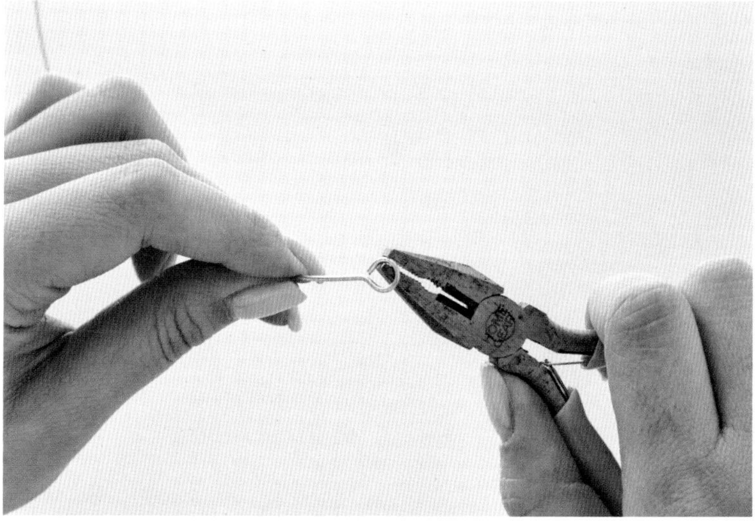

4 고리 만들기

꽃송이가 빠지지 않도록 롱노즈를 사용해 18번 와이어 한쪽 끝에 고리를 만든다. 꽃송이를 모두 꽂으면 이 고리에 리본을 걸어야 하므로 리본 두께를 고려하여 크기를 정한다.

5 진주와 꽃 엮기

고리가 있는 쪽에 진주를 먼저 꿰고 그다음 꽃송이를 사진과 같은 방향으로 18번 와이어 중간까지 꿴다.

6 반대 방향으로 꽃송이 엮기

반쯤 엮었을 때 진주를 넣어 포인트를 주고, 남은 부분은 처음과 반대 방향으로 꽃송이를 꿰어 나간다. 처음과 마찬가지로 진주를 꿰고 고리를 만들 만큼은 남겨둔다.

7 리본 묶기

양쪽 고리에 같은 길이로 리본을 건다. 머리 크기에 맞춰 리본을 묶어준다. 사람마다 머리 크기가 다르므로 리본 길이를 조정할 수 있게 한다.

안개 화관

움직임이 많은 머리에 착용하므로 무겁지 않고 섬세하게 제작해야 해서 무거운 생화보다는 가볍고 잔잔한 생화 또는 프리저브드 플라워로 많이 제작한다.

준비물

꽃가위
롱노즈
니퍼
리본 가위
18번 와이어
흰색 지철사
흰색 플로럴 테이프
리본
원형 물통

1 안개꽃 자르기

안개꽃을 사진처럼 잘게 자른다.

2 안개꽃 묶음 만들기

안개꽃 조금씩 모아 흰색 지철사로 작은 다발처럼 묶은 후 사진처럼 길게 꼬리를 빼준다.

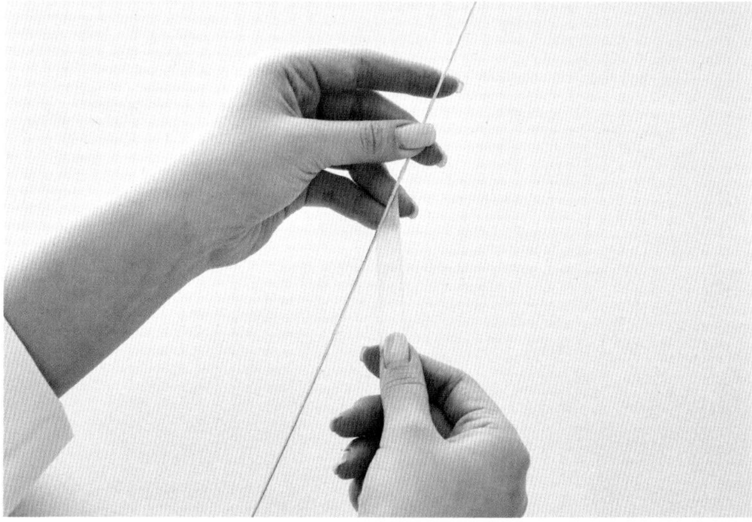

3 흰색 플로럴 테이프 감기

18번 와이어에 안개꽃 색과 같은 흰색 플로럴 테이프를 길게 늘여서 감는다. 흰색 플로럴 테이프는 길게 늘이면 접착력이 늘어난다.

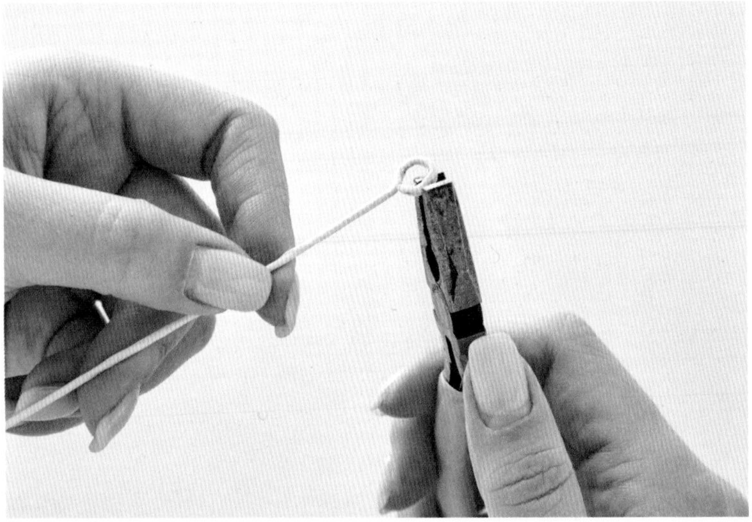

4 고리 만들기

롱노즈로 18번 와이어 한쪽 끝에 고리를 만든다.

5 안개꽃 묶음 엮기

고리를 만든 쪽부터 안개꽃 묶음을 잡아 플로럴 테이프로 고정하며 한 반향으로 엮는다. 18번 와이어 끝을 조금 남겨 앞서 만든 것처럼 고리를 만든다.

6 곡선 만들기

안개꽃을 모두 엮은 18번 와이어를 원형 물통에 감아 머리에 쓰기 좋게 곡선을 만든다.

7 리본 묶기

어울리는 리본을 골라 사진처럼 고리에 묶는다. 172쪽처럼 양쪽 고리에 통과시켜도 된다.

소재 리스

여름에는 시원한 느낌의 그린 소재로 감상하기 좋고, 겨울에는 잘 마르는 소재와 크리스마스 오너먼트를 이용해 크리스마스 장식용으로 제작할 수 있다.

준비물

꽃가위
롱노즈
니퍼
리본 가위
갈색 지철사
리본
리스 틀

1 소재 자르기

다양한 소재를 비슷한 길이로 잘라 종류별로 모아둔다.

2 소재 묶음 만들기

서로 다른 개성을 가진 소재들을 모아 리스 틀 색과 같거나 비슷한 갈색 지철사로 묶는다. 이런 소재 묶음을 여러 개 만든다.

3 리스 틀에 사선으로 꽂기

리스 틀에 소재 묶음을 사선으로 꽂아 리스 폭을 결정한다. 소재 묶음을 꽂을 때는 한 방향으로 꽂아야 줄기가 엉키지 않고, 처음과 끝 지점이 분리되어 보이지 않아 리스의 완성도가 높아진다.

4 겹쳐 꽂기

빈곳이 없도록 리스 틀 안쪽에도 소재 묶음을 겹쳐가며 꽂는다.

5 고정하기

소재 묶음이 리스 틀에 고정이 잘 안 될 때는 갈색 지철사로 단단히 묶어 고정한다. 이때 갈색 지철사는 짧게 자르지 말고 사진처럼 리스 틀 안으로 말아넣어야 안전하다.

6 꼼꼼히 채우기

마지막 부분까지 섬세하게, 마치 원을 그리듯 처음과 시작이 구분되지 않도록, 경계선이 보이지 않게 꼼꼼히 채워 마무리한다.

7 리본 묶기

그대로 마무리할 수도 있지만, 원한다면 리본을 묶는다. 크리스마스와 같은 시즌 상품인 경우 오너먼트를 달아 장식할 수도 있다.

3장

분화 관리와 상품 제작

1

분화란 무엇일까

분화(盆花, potted flower)는 화분에서 뿌리를 내린 채 키우는 식물을 뜻한다. 잎을 보는 관엽식물, 꽃을 보는 관화식물 등 종류에 관계 없이 분(pot)에 담겨 재배·유통되는 모든 식물을 분화라고 부른다.

관화식물

대부분 식물이 꽃을 피우지만 그중에서도 특히 꽃이 아름답고 오래 피는 식물을 관화식물 혹은 '꽃보기 식물'이라고 부른다. 대표적인 관화식물로는 국화, 튤립, 수선화, 시클라멘, 쿠페아, 제라늄, 재스민, 수국, 아프리칸 바이올렛, 익소라 등이 있다.

관엽식물

아름답거나 개성 있는 잎을 가진 식물로 '잎보기 식물'이라고도 한다. 주로 열대와 아열대에서 자란 식물이다. 왕성하게 자란 식물 크기에 비해 대부분 화분이 크지 않은데, 뿌리가 그만큼 크지는 않기 때문이다. 따라서 관리를 위해서는 영양제와 거름이 필요하다. 관엽식물은 대부분 봄이나 가을에 거름을 주는 것이 좋고, 음지나 반그늘에서 잘 자라므로 직사광선은 피해야 한다. 사람들이 많이 찾는 관엽식물로는 파키라, 미니홍콩야자, 고무나무, 해피트리, 알로카시아, 떡갈나무, 아이비, 야자수, 몬스테라, 남천 등이 있다. 꽃을 보기 어려운 겨울철에 잎이 화려한 관엽식물을 플라워숍에 갖춰두면 고객들 반응이 좋다. 겨울에 들이면 좋은 관엽식물은 크로톤, 남천, 포인세티아 등이다.

왼쪽 관화식물
오른쪽 관엽식물

난과식물

저온 다습한 환경에서 잘 자라며, 온대에서 생산되는 동양란과 열대에서 생산되는 서양란으로 크게 나뉜다. 중장년층이 주로 선호한다. 특히 승진과 취임이 잦은 연초에 선물용으로 축하란을 찾는 고객이 많아서 호접란(팔레놉시스)과 같은 인기 품종을 준비해야 한다.

동양란

추위를 잘 견디며 길게 뻗은 잎과 잎 무늬, 작은 꽃을 관상한다. 꽃에는 향기가 가득하다. 금기, 보세란, 용금, 한란, 춘란 등이 있다.

서양란

꽃이 크고 화려하지만 향은 거의 없다. 매년 다양한 변이종이 만들어진다. 호접란, 온시디움, 덴파레, 잔설, 반다, 덴드로비움, 에피덴드룸, 카틀레야 등이 있다.

허브

특이한 향이 나는 식물로, 잎과 줄기, 뿌리, 꽃 모두 식용, 향료용, 약용으로 활

왼쪽 양란
오른쪽 허브

용한다. 대표적인 허브로 바질, 로즈메리, 민트, 타임, 체리세이지, 라벤더, 장미허브 등이 있다. 대부분이 아열대 기후에서 자라므로 햇빛, 배수, 통풍, 기온을 모두 신경 써야 해서 키우기가 쉽진 않다. 가정에서도 비교적 키우기 쉬운 로즈메리, 장미허브 등은 꾸준히 수요가 있다.

선인장과 다육식물

잎과 줄기가 비대한 형태로 양분과 수분을 오래도록 저장하기 때문에 건조한 환경을 잘 견딘다. 다만 선인장은 잎이 가시로 변형되어 자신을 보호하는 것이 특징이다. 영양분이 없는 자갈, 흙, 모래에 심는다. 다육식물과 선인장의 종류는 2만 종 이상이므로, 주의할 점과 이름을 써두면 직원과 고객 모두 헷갈리지 않는다. 인기 다육식물로는 스투키, 칼랑코에, 산세비에리아, 유포르비아, 용심목, 만세선인장, 알로에, 염자 등이 있다.

구근식물

한겨울에도 뿌리는 살아남아 다음 해에도 계속 꽃 피우는 풀을 숙근초(여러해살이풀)라고 하는데, 구근식물은 이 숙근초의 일종이다. '알뿌리식물'이라고도 불리는데, 뿌리가 양파처럼 생겼다. 히아신스, 수선화, 작약, 무스카리, 프리지어, 튤립, 달리아, 수선화, 라넌큘러스, 칼라 등 굉장히 다양하다. 화려한 꽃들이지만 꽃시장에서는 1년 중 서너달 정도만 볼 수 있다. 구근식물은 봄에 꽃을 피우고 여름부터 휴면하기 때문에 시장에는 늦겨울부터 봄 사이에 한정적으로 출하된다.

수경식물

흙이 아닌 물에서 키우는 식물로 잎과 뿌리가 물속에 잠겨 있다. 다른 식물들에 비해 키우기 쉬운 편이다. 시각적으로 시원해 보이기 때문에 봄과 여름에 많이 찾고 건조한 한겨울에도 보습용으로 제법 수요가 있다. 온도가 낮은 한겨울에는 물이 얼지 않도록 창가 쪽보다 실내 안쪽에 두는 것이 좋다. 대표적인 식물로 부레옥잠, 수련, 개구리밥과 같은 수생식물이 있다. 더불어 스킨답서스, 아이비, 테이블야자 등 관엽식물 중에도 수경식물로 키울 수 있는 것이 있다. 히아신스 같은 구근식물도 가능하다.

공중걸이식물

흙이나 물 없이 뿌리를 그대로 노출해 공중에 걸어 키우는 식물로 '에어 플랜트' '행잉 플랜트'라고도 부른다. 생김새는 잎에 잔잔한 털이 나 있거나, 매끈하거나, 통통하거나 여러 가지다. 대표적으로 틸란드시아가 있다. 틸란드시아 종류는 전 세계 약 500종 이상으로, 틸란드시아, 이오난사, 틸란드시아 트리컬러, 틸란드시아 메두사 등이 대표적이다. 이외 사람들이 많이 찾는 공중걸이식물로는 반다, 박쥐란, 디스키디아, 리코포디움, 립살리스 등이 있다.

왼쪽 수경식물
오른쪽 공중걸이식물

2

갖춰야 할 분화용 식물

'플랜테리어' '식집사' '반려식물' 등의 키워드가
대중적으로 자리 잡을 만큼 일상에서 식물을
돌보는 사람들이 많아졌다. 따라서 절화 판매에
더 비중을 두고 있더라도 계절별로 인기 있는 분화를
크기별로 갖추고 있는 것을 추천한다.

계절에 따라

인테리어 효과는 물론 심신 안정 효과 등을 들어 20~30대 젊은 층도 홈가드닝을 즐긴다. 예전에는 승진, 개업, 집들이 등 선물로 주로 중장년층에게 판매되었다면 이제는 생일이나 기념일에 절화를 대신한 선택지로 젊은 층도 선호한다.

한 손으로 들 수 있을 만큼 아담하고, 사무실 책상에 올려두기 좋은 작은 크기(소), 양손으로 들어야 하고, 개업식이나 전시회용으로 많이 나가는 중간 크기(중), 사람이 들기에 버겁고 주로 인테리어용으로 바닥에 두는 큰 크기(대)로 분류할 수 있으며, 그 비중은 5대 3대 2 정도로 갖춘다.

분류		사계절	봄	여름	가을	겨울
크기	대	고무나무, 떡갈나무, 야자나무, 움벨라타, 삼각잎아카시아, 만세선인장, 몬스테라 등 다양한 관엽식물	벚꽃, 개나리, 조팝나무, 황매화, 산수유	알로에, 팔손이, 유주나무, 재스민, 알로카시아, 알파인	국화, 드라세나, 글로리아페페, 소사나무, 칼라데아, 바로크벤자민	구상나무, 설유화, 남천, 편백나무, 블루엔젤, 황금연꽃바나나
	중	고사리, 아스파라거스, 금전수, 파키라, 해피트리, 라벤더, 체리세이지, 유칼립투스, 올리브나무, 홍콩야자, 클루시아, 율마, 안스리움	캄파눌라, 히아신스, 튤립, 크로커스, 수선화, 라넌큘러스, 무스카리, 애니시다, 은행목, 스위트알리섬	제라늄, 크로산드라, 디기탈리스, 수국, 휴게라, 옥잠화, 아스틸베, 클레마티스, 라일락, 꽃기린, 칼랑코에	수련목, 유메, 꿩의비름(불로초), 소국, 국화, 과꽃, 코스모스, 구절초, 패랭이, 팬지, 수레국화, 마타피아, 물봉선, 베고니아	마가목, 무화과나무, 헬레보루스, 맥문동, 서양란, 동백나무, 꽃사과나무, 마오리소포라
	소	허브과, 다육식물, 선인장, 아이비, 틸란드시아, 필레아	종이꽃, 천상초, 제비꽃	부레옥잠, 개구리밥, 수련, 파피루스, 마디초, 칸나, 스킨답서스, 장미허브	레몬밤, 라벤더, 로즈메리, 바이올렛, 세이지, 민트	포인세티아
특징			빠르게 생장하는 구근식물이 많이 나온다. 출시 기간이 한정적인 식물이 있다. 겨울이 지나 봄이 왔다는 걸 느낄 수 있게 꽃이 핀 식물을 앞으로 내놓으면 좋다.	잎이 푸릇하며 꽃이 피고, 햇빛과 물을 좋아하는 식물이 많다. 큰 항아리 뚜껑이나 유리 화기를 이용해 수경재배 상품으로 제작해 여름 분위기를 내도 좋다.	과습에 약한 허브를 키우기 가장 좋은 날씨라 시장에도 많이 나온다. 고객에게 햇빛과 통풍이 중요하다는 것을 알려줘야 한다.	물을 조금 줘도 되고 추위를 견딜 수 있는 식물이나, 꽃을 보기 어려운 계절이므로 잎의 색이 화려하거나 독특한 형태를 띠는 식물, 따뜻한 실내에서 키울 수 있는 식물을 들여놓으면 좋다.

주의사항

사계절

사계절 내내 유통되더라도 더위와 추위에 모두 강한 것은 아니다. 식물별로 특성이 다르므로 습도와 온도에 유의한다. 특히 다육식물은 추위에 민감하므로 겨울에는 꼭 실내에서 관리한다.

봄

따뜻한 기온에 식물이 너무 따뜻한 기온에 식물이 너무 빨리 개화하거나 웃자라지 않게 주의한다.

여름

한여름 장마철에는 관수에 주의해 뿌리가 썩거나 무르지 않도록 한다. 각종 병충해를 입을 수 있으니 장마 후에 약을 뿌리는 것도 방법이다.

가을

진드기가 많이 생기는 계절이므로 통풍과 물 주기에 신경 쓴다. 진드기가 생겼다면, 기온이 떨어지기 전에 밖에 내놓고 진드기 약을 뿌려 며칠 두고 본 후 실내로 들인다.

겨울

추위에 강한 식물이라도 영하권 날씨에 창가에 놓으면 냉해를 입을 수 있으니 주의한다. 더불어 겨울에는 생장 속도가 느리므로 물을 주는 빈도를 줄인다.

3

구매하기

어떤 상품을 얼마나 사올 것인가는 수익과 직접적인 연관성이 있어
초보 사장이 가장 고민하는 일이다.
가게의 입지와 고객 성향을 파악하는 것이 무척 중요하고,
최대한 좋은 상품을 찾는 눈을 키워야 손실이 줄어든다.

관화식물

꽃잎 색이 선명하고 깨끗해야 하며 형태가 뚜렷한 것이 좋다. 꽃이 활짝 피지 않은 것이 좋지만, 그렇다고 너무 피지 않은 것을 고르면 간혹 피지 않고 꽃망울로 머물다 지기도 하니 유의해야 한다.

관엽식물

담겨 있는 화분에 비해 너무 큰 경우 웃자란 식물인 가능성이 있고, 분갈이가 어렵다. 반면 화분에 비해 너무 작으면 영양 공급이 충분히 되지 않은 식물이라 이후 관리가 까다로울 수 있다. 따라서 화분에 비해 너무 크거나 작지 않은 것을 고르고, 녹색 잎이 선명하고 균형이 알맞은 식물을 택하는 게 좋다. 노화 증상이 있는지, 잎에 상처나 병충해는 없는지 살펴본다. 겉흙이 딱딱하게 굳거나 갈라져 있는 것은 오래되었을 가능성이 크므로 피하는 것이 좋다.

웃자란 식물

난과식물

꽃잎 색이 선명하고 꽃봉오리가 많은 것이 좋고, 잎에 상처나 병충해가 없는 것을 고른다.

허브

잎이 괴사하거나 노화되지 않아야 하며 향이 강한 것을 고른다.

선인장과 다육식물

형태가 온전한 것을 고르고 잎이 누렇게 변하거나 떨어지는 것은 피한다.

구근식물

구근식물은 개화가 빠르므로 전체 꽃봉오리를 봤을 때 3분의 1 이상 피지 않은 것을 고른다. 꽃봉오리 색이 나타나기 시작하거나 아예 색이 보이지 않는 것도 괜찮다.

수경식물

관엽식물, 허브, 구근식물은 대부분이 수경재배를 할 수 있다. 화병 크기를 고려해 뿌리가 너무 크지 않은 것을 사서 흙을 잘 떨어내고 뿌리가 물에 잠기게 담는다. 구근식물의 경우 알뿌리 전체가 물에 잠기면 썩을 수 있으므로 수염뿌리만 잠기게 한다.

공중걸이식물

아래에서 위로 바라보았을 때 풍성하고 아름다워 보이는 식물을 고른다. 심어 둔 것을 살 경우 배양토가 너무 건조하진 않은지 확인하고, 잎의 노화와 괴사 증상은 없는지 살핀다.

얼마나 사야 할까

사실 절화와 분화의 비율을 어느 정도로 맞춰야 할지는 플라워숍을 열기 전에 입지의 조건과 분위기를 파악하고 준비해야 한다. 절화를 주력하는 플라워숍이라면 절화와 분화 비율을 7대 3 혹은 8대 2 정도로 본다. 작거나 중간 크기인 화분을 많이 들여놓는 게 좋고, 큰 화분은 가게 인테리어용으로도 활용할 수 있으니 구매를 주저하지 말자. 이 경우 한 계절에 두세 번 화훼단지를 방문하는 게 적당하다. 절화와 마찬가지로 특별한 주문이 들어오는 경우도 있는데, 이때는 마진을 따져보고 주문을 확정해야 한다. 한편 주택가에 있는 플라워숍이라면 절화보다 분화 비중을 더 높게 잡기도 한다.

창업 초기에는 계절에 맞는 분화와 율마, 박쥐란, 스킨답서스, 안스리움 등 오랫동안 무난하게 팔리는 분화를 들여놓고 살핀다. 그러다보면 1년 정도 지났을 때 우리 가게를 찾는 고객들이 무엇을 선호하는지 감이 온다. 대체로 큰 크기의 분화보다는 작은 크기의 분화가 잘 팔리므로 이를 여러 개 들여와 파는 것이 좋다. 포트(재사용하기 어려운 플라스틱이나 고무, 비닐 소재의 화분 또는 이들에 담겨 대량 유통되는 식물이나 모종)째 팔거나 저렴한 화분에 옮겨 심어 단가를 낮춰 팔 수도 있지만, 다양한 화분에 넣어 취향과 개성을 살려보자.

구매처

요즘은 도시 외곽에 중소 규모의 화훼단지가 많이 들어서고 있다. 그래서 예전보다 분화 구매가 좀더 편해졌다. 수도권을 아우르는 대형 절화시장인 강남고속버스터미널 화훼상가에도 분화 매장이 있긴 하나 종류가 적고 재배 농가의 위탁을 받아 판매하는 경우가 대부분이라서 일반 화훼단지가 더 저렴한 편이다.

과천 과천화훼단지

2만 평 부지의 대규모 화훼단지로 수도권 화훼 물량의 절반 이상이 유통된다. 싱싱하고 다양한 식물을 접할 수 있다. 크게 관엽식물시장과 종묘시장으로 구분되어 있는데, 관엽식물시장은 과천화훼집하장B동(과천시 물사랑로 241)으로 불린다. 웬만한 관엽식물은 이곳에서 구할 수 있고 다른 단지보다 저렴한 편이다.

주소 과천시 물사랑로 241

영업시간 8:00~17:00

휴무 일요일

서울 양재동 화훼공판장

분화동, 생화도매시장, 지하꽃시장, 나무시장, 자재매장동, 경매장, 초화매장 등으로 공간이 구분되어 있어서 목적에 따라 식물과 자재를 찾기 쉽다. 분화는 가동과 나동 온실로 이루어져 있다.

주소 서울시 서초구 강남대로 27

영업시간 7:00~19:00

휴무 (가동과 나동이 번갈아) 일요일

서울 헌인화훼단지

여러 동의 비닐하우스가 이어져 있으며 매장마다 관엽식물, 야생화, 특수식물 등을 고루 취급한다. 양재동 화훼공판장보다 저렴한 편이다.

주소 서울시 서초구 내곡동 1-701

영업시간 7:00~18:00

휴무 연중무휴

양주 양주화훼단지

비닐하우스 여러 동이 이어진 구조로 많은 농원이 입점해 있어 효율적인 동선으로 식물을 둘러볼 수 있다. 주로 실내에서 키우는 분화를 접할 수 있다.

주소 양주시 장흥면 일영로327번길 36

영업시간 7:30~18:00

휴무 6월~2월까지 일요일

하남 하남화훼단지

국내 화훼 유통시장 전체의 30퍼센트를 담당하는 규모 있는 단지다. 네 개의 동과 75개 농원으로 구성되어 있으며 분화, 절화, 화환이 고루 있다.

주소 경기도 하남시 미사대로 800

영업시간 7:00~18:00

휴무 일요일

광명 서서울화훼유통단지

150여 종 80여 개 매장이 단지를 이루고 있으며 분화, 조화, 부자재 등을 폭넓게 취급한다.

주소 광명시 광명로 451

영업시간 8:00~18:00

휴무 일요일(2월 말~5월 초에는 영업)

용인 남사화훼단지

다양한 대형 식물 아웃렛이 모여 있는 단지다. 매장마다 규모가 큰 편이고, 분화, 절화, 부자재를 폭넓게 판매한다. 진열이 깔끔하고 동선이 편리하다. 단지는 남사읍 봉명리, 전궁리, 진목리에 걸쳐 넓게 있다.

주소 용인시 처인구 남사면 천덕산로 161~576 일대

영업시간 8:00~19:00

휴무 연중무휴

인천 선유플라워그라운드

인천 구월동화훼단지에는 여러 화원이 즐비해 있지만 그중에서도 선유플라워그라운드가 인천에서 가장 큰 규모다. 화분 종류도 다양한 편이고, 카트가 있어 식물을 바로 담아 이동할 수 있으며 구경하기 편하다.

주소 인천광역시 남동구 남동대로 598

영업시간 월~토 8:00~19:00 일 9:00~18:00

휴무 연중무휴

춘천 화인꽃농원

관엽식물과 관화식물, 다육식물, 선인장 등 폭넓은 종류의 분화가 있다. 절화도 규모는 작지만 취급한다.

주소 춘천시 동면 도일길 34

영업시간 9:00~19:00

휴무 명절 당일

원주 관설동화훼단지

화원 몇 곳이 모여 있는 화훼단지로 보통 20년 이상 운영해온 곳들이다. 화원마다 조금씩 다르지만 대체로 분화를 중심으로 판다.

주소 원주시 치악로 1439

영업시간 9:00~19:00 (화원별로 다름)

휴무 화원별로 다름

대전 노은화훼단지

중부권 최대 화훼단지로 100여 개의 화원이 자리한다. 난과식물, 분재, 절화, 부자재까지 두루 판매한다.

주소 대전광역시 유성구 노은동 113 일원

영업시간 8:00~18:00 (화원별로 다름)

휴무 화원별로 다름

전주 삼례애림꽃농장

저렴한 가격에 관엽식물부터 허브, 선인장, 공중걸이식물, 다육식물까지 다채로운 분화와 부자재를 구할 수 있다.

주소 전주시 덕진구 온고을로 391

영업시간 8:00~19:00

휴무 일요일

전주 온천수림식물원

관엽식물, 분재, 난과식물 도매를 전문으로 하며 절화도 취급한다. 가격도 저렴한 편이다.

주소 전주시 덕진구 전진로 20

영업시간 월~토 8:00~19:00 일 8:00~18:00

휴무 명절 당일

대구 불로화훼단지

대구에서 가장 큰 화훼단지로 관엽식물, 난과식물, 분재, 절화까지 두루 판매한다. 매년 축제가 열릴 만큼 규모가 크고 경북권에서 이름난 화훼단지다.

주소 대구광역시 동구 팔공로 60

영업시간 8:00~20:00 (화원별로 다름)

휴무 화원별로 다름

울산 금호화훼마트

울산에서 가장 규모 있는 화훼단지로 웬만한 분화는 다 갖추고 있으며 바로 옆에는 화봉화훼단지로 불리는 작은 화훼시장이 한 곳 더 있다.

주소 울산광역시 북구 안기번듣길 26

영업시간 8:00~19:00

휴무 명절 당일

광주 상무화훼단지

대형 화훼단지로 수많은 종류의 관엽식물을 포함해 난과식물, 분재, 절화 등 다채롭게 판다. 화분과 흙을 파는 부자재 전문 매장도 크게 있다.

주소 광주광역시 서구 마륵동 167-43

영업시간 9:00~19:00 (화원별로 다름)

휴무 일요일

광주 화훼관광단지

상무화훼단지보다 규모는 작지만 여러 매장에서 다양한 분화를 판매한다.

주소 광주광역시 광산구 상무대로419번길 140

영업시간 8:00~19:00

휴무 일요일

부산 미래화훼공원

부산에서 손꼽히는 대형 화훼단지로 건물 한 동에 상품들이 진열되어 있고 대형 카트가 있어서 편리하다. 분화 종류가 방대하고 가격도 저렴한 편이다.

주소 부산광역시 기장군 철마면 강변길 67-22

영업시간 8:00~18:00

휴무 명절 당일

부산 금정화훼단지

여러 동의 온실 하우스가 이어져 있는 화훼단지로 미래화훼공원과 마찬가지로 마트형이다. 마래화훼공원보다 규모는 작지만 화분 전문 매장이 크게 자리 잡고 있어 단골손님이 많다.

주소 부산광역시 금정구 두구로 5

영업시간 8:00~18:00

휴무 연중무휴

제주 삼무꽃농원

관엽식물, 관화식물, 동양란, 선인장, 다육식물 등 다양한 분화를 하우스와 노지에 두고 판매한다.

주소 제주시 창오길 56-1

영업시간 9:00~18:00

휴무 명절 당일

4

부자재

분화를 팔기 위해서는 적어도 한 달 이상
식물에 물을 주고 영양을 공급하고 분갈이를 하며 관리해야 한다.
이때 작업을 수월하게 하기 위해서는 부자재를 완비하고,
그중 소모품은 소진되기 전에 갖춰야 한다.
화분과 부자재 구매처는 앞서 소개한 분화 구매처와 같다.

화분

종류와 디자인은 시간이 갈수록 다양해지고 있다. 예전에는 저렴하고 큰 것이면 된다는 인식이 있었지만, 요즘은 취향과 실내 인테리어와의 조화를 고려한 화분이 많이 팔린다. 현재 유통되는 화분은 대부분이 중국산이며 소위 고급 화분이라고 하면 이탈리아나 독일 화분을 떠올리지만, 디자인뿐만 아니라 내구성에 신경 쓴 국내산 화분도 좋은 것이 많다. 최근에는 특히 화분을 전문으로 디자인하고 제작하는 우리나라 작가들이 늘어서 맞춤형 디자인 화분을 찾는 고객도 느는 추세다.

너무 저렴한 화분은 쉽게 파손될 위험이 있으므로, 어떤 식물을 심느냐에 따라 그에 걸맞은 화분을 고를 필요가 있다. 보통 식물을 심은 화분의 판매가는 테이블용 작은 화분이 1~3만 원, 두 손으로 안을 수 있는 중간 크기 화분이 5~8만 원, 사람이 옮기기 어려운 큰 화분이 10~15만 원 선이다.

토분

흙으로 빚어 구워낸 화분으로 가장 대중적이다. 통기성이 좋아 실내와 실외, 어디에 두어도 좋으며, 과습을 방지할 수 있다. 단점은 충격에 약하며 물자국이 조금 남는다.

도자기

디자인이 다양하고 견고하며 물자국이 거의 나지 않고 고급스러워 보인다. 다만 통기성이 약해서 관수에 주의해야 한다. 토분보다는 비싼 편이다.

플라스틱

디자인이 다양하고 가벼우며 저렴한 편이다. 그렇지만 온도에 민감해 직사광선이 들거나 추운 곳에 두면 토양이 쉽게 변질한다.

유리

수경식물을 재배하면 시원한 느낌을 쉽게 연출할 수 있다. 색깔과 디자인이 매우 다양하다. 가격도 적당한 편이나 깨지기 쉽고 물빠짐 구멍이 따로 없으므로 관수를 소홀히 하면 뿌리가 쉽게 썩는다.

금속

개성 있고 고급스럽게 보인다. 그러나 스크래치가 쉽게 나고 녹슬기도 한다. 또 직사광선과 열기에 약해서 식물의 생장에 영향을 주기도 한다.

석재분

대부분 강도가 높아 튼튼하다. 자연석은 비싼 경우가 많아 시멘트 등으로 만든 합성분을 이용하기도 한다. 그러나 무거워서 배송이나 이동이 까다롭다.

원예 도구

호미

굳은 토양을 부수고 퍼내고 섞는 등 정원의 토양을 관리할 때 사용한다.

원예용 장갑

흙과 농약은 피부에 닿지 않는 것이 좋다. 따라서 코팅된 장갑이나 방수용 장갑을 마련해야 한다.

핀셋

여린 식물을 예리하게 잡을 때, 벌레를 제거할 때, 수술을 떼어낼 때, 가시를 조심해야 하는 식물을 만질 때 사용한다.

붓

분갈이나 식재 후 식물이 다치지 않게 먼지와 흙만 깔끔히 떨어내기 위해 쓴다.

철사 가위

지지대로 사용하는 굵은 철사를 재단할 때 쓴다.

전지가위

굵은 나뭇가지를 자를 때 쓴다. 손에 무리가 덜 가며 재단이 잘되는 가위를 선택하는 것이 좋다. 절화용과 같이 써도 된다.

꽃가위

얇은 가지를 자르거나 식물을 섬세하게 잘라야 할 때 쓴다. 절화용과 같이 써도 된다.

모종삽

끝이 뾰족한 모종삽은 토양을 퍼내는 용도이며, 끝이 뭉뚝한 사각형 삽은 식물을 옮기거나 토양을 섞는 용도로 쓴다.

호미
장갑
핀셋
철사 가위
붓
꽃가위
전지가위
수분 측정기
모종삽

수분 측정기

식물에 물을 주는 타이밍을 알려준다. 식물 뿌리 부근에 깊게 수직으로 꽂아두면 되는데, 토양이 건조해지면 푸른색에서 흰색으로 변하므로, 이때 물을 주면 된다. 관리해야 할 화분이 많을 때 이용하기도 한다.

대형 물조리개

외부에 진열한 식물이나 여러 식물에 한꺼번에 물을 줘야 할 때 사용한다.

양동이

포트에서 식물을 분리할 때 흙이 떨어지므로 작업판이 없는 경우 이를 대신해 사용하기도 한다. 또 식물 특성에 따라 흙을 섞어서 쓰는데, 이때도 유용하다. 포트에 담긴 작은 식물을 한꺼번에 옮길 때도 쓴다.

작업판

포트에서 뺀 식물의 흙을 떨어내거나 작업대에 흙이 떨어져 지저분해지는 걸 막기 위해 사용한다.

살충제

이론에 따라 관리를 해도 여러 변수로 인해 병충해는 발생한다. 이제는 여러 종류의 병충해를 1~2가지 살충제로 해결할 수 있다. 인체에 무해한 저독성 상품을 구비하는 것이 좋고, 살충제를 사용할 때는 반드시 환기가 되도록 해야 한다. 229~231쪽에서 병충해 종류에 따라 필요한 살충제를 확인할 수 있다.

광택제

잎에 쌓인 먼지나 불순물을 제거해서 윤기 나게 하려고 쓰기도 하지만, 과도한 수분 증발을 억제해서 식물의 생장에 도움을 주려고 쓰기도 한다. 다만 여린 잎이나 꽃에는 사용하지 않는 것이 좋고, 통풍이 되는 곳에서 사용해야 한다.

영양제

필요한 영양이 잘 배합되어 있어 식물에 부족한 영양을 공급해 수명을 연장한다. 포트에 담긴 식물을 새 화분에 옮겨 심은 뒤나 분갈이 후에 주로 쓰고, 화분을 구매한 고객에게 제공하기도 한다.

소형 물조리개

대형 물조리개와 달리 식물이 식재된 화분에 직접적으로 물을 주거나 수경식물 등을 제작할 때 주변으로 물이 튀지 않게 하려고 사용한다. 사진처럼 주둥이가 얇고 가벼운 것을 이용하는 것이 편하다.

분무기

잎에 쌓인 먼지나 불순물을 제거하고, 식재 후 토양 표면의 흙먼지와 표면을 살짝 눌러줄 때 물을 넣고 분사하여 사용한다.

배수망

물빠짐 구멍보다 좀더 여유 있게 자른 후 사용하며, 물을 줄 때 자잘한 흙이나 자갈 등이 화분 밖으로 새어나가는 것을 막아준다.

포장재

투명 OPP 포장지

화분을 포장할 때 사용한다. 꽃을 다루는 플라워숍에는 반드시 필요한 포장재이므로, 화분을 위해 별도로 마련할 일은 없다.

지지대 또는 철사

여린 꽃과 줄기, 가지를 튼튼하게 보강할 때 쓴다. 식물 전체 길이를 고려해 자른 후 사용한다. 넝쿨식물을 심을 때 설치하면 식물이 지지대를 타고 올라가며 자란다.

나무젓가락(나무 막대)

작은 식물을 식재할 때 식물을 잡아주거나 손가락이 들어가지 않는 틈새에 흙을 넣어야 할 때 쓴다. 식물 식재 후 토양의 습한 정도를 눈으로 확인하기 위해 꽂아두기도 한다.

스테이플러

식물을 포장할 때 포장지를 간편하게 고정하기 위해 사용한다.

리본 가위

절화 상품과 마찬가지로 화분도 선물용으로 구매하는 경우가 많으므로, 포장 후 두른 리본이 오염되거나 끝이 지저분하게 잘리지 않게 한다.

스카치테이프

스테이플러와 마찬가지로 포장지를 간편하게 고정하기 위해 사용한다.

카드 픽

화분 픽, 카드꽂이라고도 부른다. 색상도 다양하고, 모양도 여러 가지다. 메시지 카드를 꽂아 고정한 다음 화분에 꽂는 용도로 활용한다.

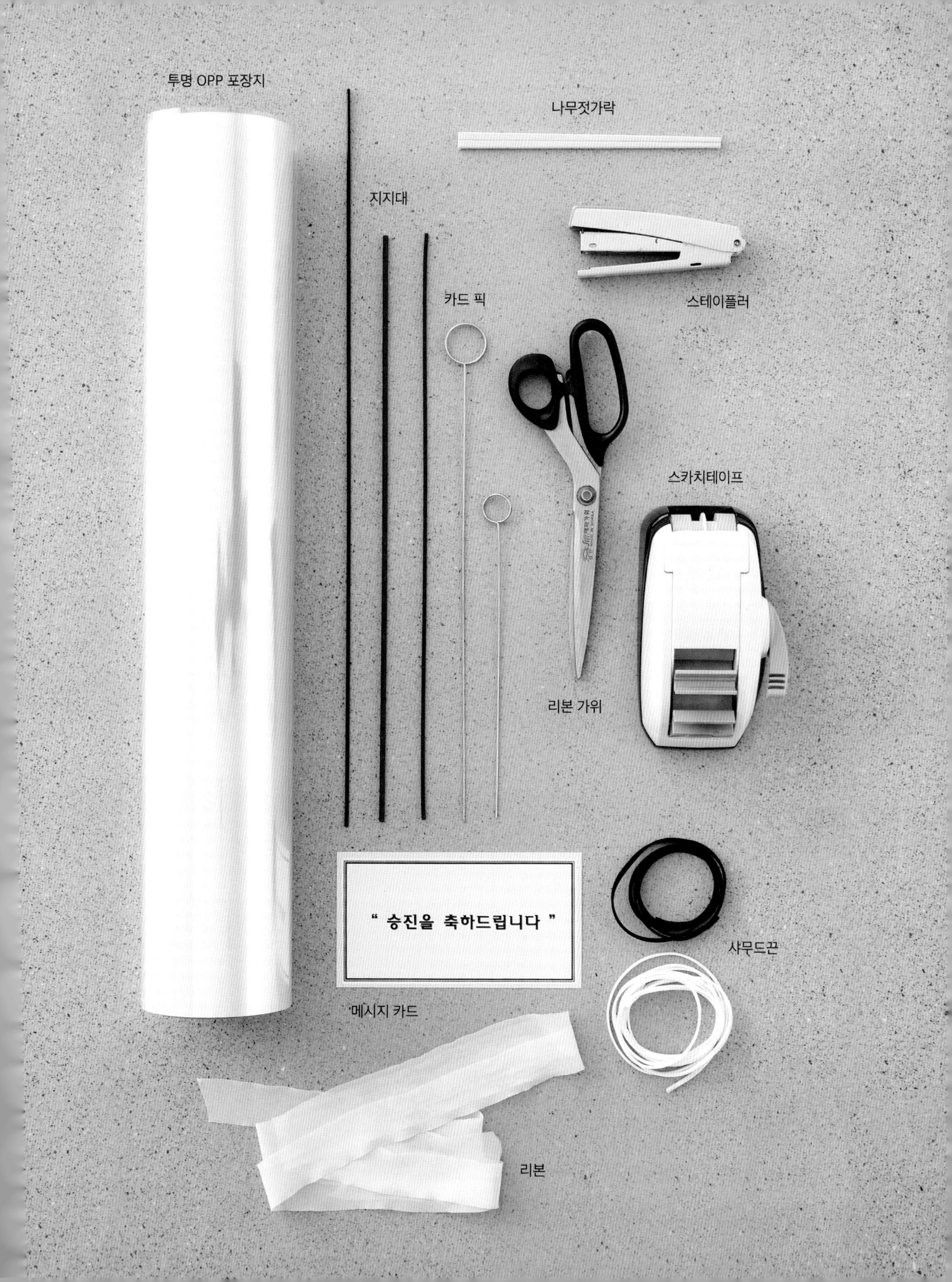
투명 OPP 포장지
나무젓가락
지지대
스테이플러
카드 픽
스카치테이프
리본 가위
" 승진을 축하드립니다 "
샤무드끈
메시지 카드
리본

메시지 카드

과거에는 승진, 개업, 이사 등을 축하하는 선물로 화분을 보낼 때 커다란 리본을 달아서 보내는 경우가 많았지만, 현재는 작은 메시지 카드에 식물 관리법을 함께 출력해서 보내는 일이 더 많다. 고객이 마음을 담아 직접 적기도 하므로, 플라워숍 분위기와 어울리는 것으로 항상 준비해두어야 한다.

샤무드 끈

난을 지지대와 연결할 때 고급스러운 분위기를 내기 위해 사용하거나, 크고 화려한 리본이 어울리지 않는 상품을 포장할 때 사용한다. 서너 가지 색을 갖춰두면 유용하다.

리본

카드 픽이나 화분을 포장한 뒤 두른다. 흔히 떠올리는 화분용 리본보다는 플라워숍의 개성이나 품위를 표현할 수 있는 리본을 갖추는 것이 좋다.

백자갈

가장 기본적인 마감재로 배수가 잘되고 시각적 효과도 좋다. 수경재배 식물의 뿌리를 고정할 때도 사용한다. 대·중·소를 갖춰야 화분이나 식물 크기에 따라 쓸 수 있어서 좋다. 사용 전에 세척해서 건조해야 식물이나 화병에 돌가루가 묻지 않는다.

펄라이트

진주암을 가공한 것이라 입자가 곱다. 오랜 시간 수분을 유지한다.

스톤(에그 스톤)

화강암에 색깔을 입힌 컬러 스톤과 달걀 모양의 에그 스톤이 대표적이다. 무게가 있어서 뿌리가 매우 예민하고 약한 식물에는 장식용으로도 적합하지 않다. 뿌리가 강한 식물을 심은 화분 위에 올리면 흙을 한 번 더 눌러주는 역할을 한다.

백자갈

펄라이트

스톤(에그 스톤)

난석

수태

마사토

적옥토

질석(버미큘라이트)

다육이 흙

난석

동양란을 식재할 때 사용한다. 그 외에는 배수층을 만들 때 쓴다. 다양한 크기로 판매되므로 필요한 것을 선택할 수 있다.

수태

수태는 건조된 이끼로, 물에 불려서 사용한다. 물을 주면 수분을 머금고 있는 성질이 강해 물이 필요하지 않은 식물과는 배치하지 않는 것이 좋다.

마사토

화강암이 풍화되어 생성된 흙으로 작은 자갈에 가깝다. 영양분이 필요하지 않은 식물을 심을 때 흙 위에 올리면 깔끔해 보이고 흙도 날리지 않아 좋다. 스톤이 너무 크게 느껴질 때 마사토를 이용한다. 꼭 세척하여 써야 하는데 이 과정이 번거롭다면 세척된 것을 사서 쓰면 된다. 물이 잘 빠지며 통기성도 좋다.

지렁이 배양토

상토

피트모스

숯(훈탄)

바크

이끼(비단 이끼)

적옥토

화산토를 고온 처리하여 만들었다. 배수성과 통기성이 좋아서 분갈이 때 쓰면 좋다.

질석(버미큘라이트)

광물인 질석을 가공해 만들었다. 보수성, 배수성, 통기성이 좋다.

다육이 흙

여러 흙을 섞어서 토양을 만들 수도 있지만, 생육에 특화되도록 배합하여 만든 전용 흙을 사용하면 간편하다. 특히 다육이와 스투키, 선인장을 심을 때 유용하다.

지렁이 배양토

지렁이 분변이 포함되어 미생물이 많이 함유된 흙으로, 영양분이 풍부한 토양을 만들 때 쓴다. 수분을 잘 머금고 있으면서 동시에 잘 배출한다. 관엽식물과 관화식물을 분갈이할 때 주로 쓴다.

상토

여러 흙이 배합되어 식물 생장에 최적화된 혼합토로 가볍고 통기성과 물빠짐도 좋다. 주로 모종을 심을 때 쓴다. 농업용과 원예용이 구분되어 있는데, 농업용은 특유의 향이 있으므로 사지 않도록 주의해야 한다.

피트모스

이끼가 부식된 흙으로 약산성을 띤다. 블루베리를 키우기 적합해서 '블루베리 흙'이라고도 불리며, 보수성이 좋다.

숯(훈탄)

산소가 없는 환경에서 목재를 가열해 탄화시켜 수분과 불순물을 없앤 것이다. 뿌리를 강하게 하고 산성화된 토양을 중성화시켜 주로 분갈이할 때 흙과 섞어서 사용한다.

바크

나무껍질을 높은 온도로 쪄서 만든 부산물이다. 식물 식재 시 배수층으로 사용하기도 하며, 마감재로 가볍게 올리기도 한다. 난 분갈이에 주로 사용하는데, 관리에 신경 쓰지 않으면 쉽게 썩을 수 있다. 보수성과 배수성이 좋다.

이끼(비단 이끼)

건조된 상태에서도 색상이 푸릇한 것이 좋다. 식물을 식재할 때 두루두루 마감재로 사용한다.

5

관리

식물마다 다른 특징을 고려해
수분, 온도, 햇빛, 영양, 통풍을 조절하고,
뿌리와 흙의 상태도 체크해야 한다.
종류별로 다른 분갈이 방법도 알아야 한다.
절화보다 긴 호흡으로 관리하기 때문에
관리가 쉽다고 생각할 수 있지만 결코 그렇지 않다.

원칙

시장은 직접 간다

절화보다 분화를 적게 취급하는 플라워숍은 간혹 식물을 농장에서 배송받거나 절화 시장에 간 김에 사기도 한다. 그러나 절화와 마찬가지로 분화도 전문으로 다루는 농장이나 화훼단지에 직접 가서 식물 상태를 비교해보고 좋은 것으로 골라야 하며, 동시에 식물과 잘 어울리는 화분도 고민해서 사야 한다. 절화와 달리 살아 있는 상태에서 오랫동안 가꾸어야 해서 구매할 때부터 무척 신경 써야 한다.

식재한 분화는 보름 정도 지켜본다

플라워숍에서는 보통 농장에서 산 식물을 화분에 심어 계절에 맞게 판다. 한자리에서 오랫동안 장사를 하려면 분화 품질을 보장할 수 있어야 한다. 그러려면 화분에 식물을 심은 다음 최소 보름을 지켜보며 새로 심은 식물이 뿌리는 잘 내리는지, 물빠짐은 잘되는지, 영양이 부족하지 않은지 등을 살펴보는 게 좋다. 이러한 과정을 바탕으로 고객에게 관리법을 자세하게 설명해준다면 고객이 구매를 결정하고 추후 관리하는 데 큰 도움이 될 것이다.

물 주는 시기를 정한다

식물에 물을 주는 시기는 대부분 흙 표면에서 2~3cm 아래를 손가락을 넣어 만졌을 때 흙이 말랐을 때다. 또 식물을 심을 때 나무젓가락이나 나무 막대를 화분에 꽂아두고 때때로 꺼내 확인하는 것도 방법이다. 물을 줄 때는 날짜를 정해서 한꺼번에 주지 말고, 식물 성격과 특징을 고려해 개별적으로 주기를 체크해야 한다. 만약 식물을 돌보는 사람이 두 사람 이상이라면, 물을 주는 시기와 방법을 반드시 소통해야 한다. 그렇지 않으면 필요 이상으로 자주 물을 주거나 누군가 주었을 거라 생각하고 오랫동안 물을 주지 않는 일이 생길 수 있다.

종류별로 관리법을 정확히 알아야 한다

온도를 설정할 수 있는 꽃냉장고 안에 넣어 관리하는 절화와 달리 실내외에 놓는 분화는 그 종류에 따라 사람이 직접 온도, 습도, 통풍, 배수, 광합성 등을 관장해야 한다. 계절의 변화에 영향을 받기 때문에 온도가 높은 여름, 온도가 낮은 겨울에는 특별한 관리가 필요하다. 식물마다 다른 월동 온도를 알아야 하고, 분갈이 시기와 개화 시기 등을 점검해야 한다. 어떤 식물이든 애정을 갖고 보살펴줘야 하지만 그중에서도 분화 관리는 하나하나 소홀할 수가 없다. 절화와 달리 구매 고객에게 단기 관리가 아닌 장기적 관리법에 대해 자세하게 설명해야 하며, 분화를 사 갔던 고객이 잎이 시들거나 분갈이가 어려워 도움을 받기 위해 플라워숍을 다시 찾는 일도 있으므로 꼭 관리법을 파악하자.

햇빛과 고객의 시선을 고려해 진열한다

플라워숍에서 분화는 단순 실내장식용이 아니라 고객에게 판매하는 상품이기 때문에 식물의 건강과 홍보를 모두 고려해서 진열해야 한다. 관화식물, 다육식물, 선인장은 햇빛을 좋아하고, 관엽식물은 반그늘에서 잘 자라는 편이다. 날씨와 가게 위치에 따라 제약이 있을 수 있겠지만, 이점을 상기해 화분 크기에 따라 고객이 잘 볼 수 있는 위치에 진열하고, 화분끼리 다닥다닥 붙지 않게 간격을 둔다.

변화를 꾸준히 관찰하고 공부한다

당연한 말이지만 강조하는 이유는 기후변화이다. 여름과 겨울이 무척 길어졌고 기온차도 커졌다. 기존에 우리나라에서 피고 지던 많은 식물이 점차 희귀해지고, 도리어 키울 수 없었던 식물이 외국에서 들어와 유행하기도 한다. 게다가 그 유행이 무척 빠르게 변한다. 플라워숍에서 상품을 내놓기 위해서는 지속해서 새로운 식물을 공부해야 하고, 국내외 원예 산업에도 꾸준하게 관심을 가져야 한다.

물 주는 법

하루 중 물을 주기 가장 좋은 시간은 오전이다. 아침에 문을 열어 환기하고 식물에 물을 주는 일을 오픈 때 해야 할 일로 정해두자. 실내 선반과 진열대에 있는 화분들을 밖으로 뺀 다음 물을 준다. 화분이 있던 자리에서 물을 주면 물자국이 남는 데다 통풍이 제대로 되지 않아 과습으로 식물이 죽을 수 있다.

기본

조리개나 호스를 이용해 흙 표면에 물을 직접 주는 것이 가장 기본적인 방법이다. 수압이 강하면 물줄기가 튀어 흙에 구멍이 생기거나, 흙이 화분 밖으로 넘칠 수 있으므로 손바닥이나 작은 비닐 조각 등에 물을 흘리는 식으로 주는 게 좋다. 규칙적으로 물을 줘 토양이 좋은 상태라면 한두 번만 줘도 되지만, 오랫동안 방치한 화분은 토양이 갈라져 있어 물을 주어도 흙이 흡수하지 못하고, 갈라진 틈새로 물을 흘려버린다. 따라서 뿌리와 흙이 충분히 젖어 뿌리에 수분이 전달되도록 여러 번 물을 준다.

왼쪽 저면 관수법
오른쪽 스프레이 관수법

저면 관수법

물을 자주 줘야 하고 통풍이 잘되어야 하는 식물은 저면 관수법이 좋다. 저면 관수법이란 화분이 들어갈 만한 큰 용기에 물을 채운 후 화분을 넣어 토양 위가 아닌 아래에서부터 식물이 물을 흡수하게 하는 방법이다. 이때 물은 화분의 3분의 1이 잠길 정도만 부어주면 되고, 최소 1시간에서 반나절 정도 넣어두었다가 손가락으로 흙 겉면을 눌러 충분히 수분을 머금었는지 확인하고 빼낸다. 이후 바람이 잘 드는 곳에 놓아둔다. 습도가 높은 장마철이나 생장이 더딘 겨울철에는 과습되지 않도록 주의한다. 저면 관수법이 필요한 식물은 뿌리가 잘 썩지 않은데, 대표적으로 페퍼민트, 라벤더 같은 허브와 스킨답서스, 테이블야자가 있다. 수생식물도 가능하다.

스프레이 관수법

통풍이 잘 안 되거나 잎으로 숨을 쉬는 식물, 물을 많이 주면 안 되는 식물은 스프레이 관수법을 수시로 하는 것이 좋다. 분무기를 사용해 토양 표면과 잎에 물을 뿌려주면 되는데, 잎이 너무 얇은 식물은 물이 자주 닿으면 무를 수 있기 때문에 예외다. 스프레이 관수법을 하는 식물로는 틸란드시아가 있다. 그 외 식물은 스프레이 관수법을 보조적으로 쓴다.

종류별 관리법

관화식물

꽃을 피우기까지 조건을 맞추기가 쉽지 않다. 한해살이는 꽃이 한 번 피고 지면 다시 꽃을 보기 어렵지만, 다년생은 매년 꽃이 피고 지는 것을 감상할 수 있는데, 해마다 꽃을 피우려면 그만큼 환경 조성에 신경 써야 한다. 노지에서 자라는 다년생 야생화를 제외하면 대체로 추위에 약해서 날이 추워지면 실내로 들여오는 것이 좋다. 꽃이 지기 시작하면 시들게 두지 말고 꽃송이를 잘라주고, 꽃이 진 다음에도 다시 꽃을 피울 수 있게 영양분이 많은 흙으로 분갈이를 한다. 습도에도 관심을 기울여야 한다.

관엽식물

다른 식물에 비해 생장이 왕성하므로 영양분이 충분해야 하며 통풍과 배수에 신경 써야 한다. 흙이 마르지 않도록 관수를 해주고 장마철에는 과습이 되지 않도록 주의한다. 또한 잎으로 숨을 쉬기 때문에 잎에 스프레이 관수를 하면 생장에 도움이 된다. 식물에 따라 조금씩 다르지만, 관엽식물은 대체로 15~30도에서 생장하고, 5도 이하에서는 생장을 멈춘다. 그래서 한여름과 한겨울에는 생장 활동이 둔해지므로 봄과 가을에 영양분 보충과 분갈이를 제대로 해주는 것이 중요하다.

난과식물

가장 이상적인 환경은 따뜻하고 통풍이 잘되며 너무 건조하지 않은 곳이다. 적정 온도는 15~20도다. 동양란은 주로 난석(218쪽 참고)에 심고, 서양란은 바크(220쪽 참고)에 심는다. 뿌리가 강해서 별도 영양분이 필요 없으므로 관리가 어렵진 않다. 물을 자주 주진 않지만 줄 때는 흠뻑 준다. 단, 뿌리가 과습되지 않도록 주의해야 한다. 물은 여름에는 일주일에 한두 번, 겨울에는 보름에 한 번 준다. 관엽식물은 흙 상태를 보고 건조한 정도를 파악할 수 있지만, 난과식물은 건조함을 알아보기가 쉽지 않아서 물 주는 주기를 정해서 주는 것이 좋다. 또한 난은 추위에 민감하므로 난이 놓인 공간 온도와 비슷하게 물 온도를 맞춰 물을 준다. 겨울철에는 종류에 따라 관수를 아예 하지 않거나 관수 후 뿌리 건조에 신경 써야 한다. 무엇보다 뿌리가 습하면 안 되기 때문에 화분 아래쪽과 옆쪽에 물빠짐 구멍이 있는 화분에 식재하는 것이 좋다. 동양란은 관엽식물과 마찬가지로 잎으로도 숨을 쉬기 때문에 잎에 먼지가 쌓이면 스프레이 관수 후 마른 수건으로 닦아준다. 서양란은 초봄쯤에 분갈이하고 15~20도로 온도를 유지해 관리하면 꽃을 피울 수 있다.

허브

열대 지역이나 지중해 인근에 집중된 허브의 원산지는 우리나라와 환경이 달라서, 흔히 허브는 키우기 까다로운 식물로 알려져 있다. 그러나 조건만 잘 맞추면 잎이 무성하게 자라는 식물이다. 허브는 야외에서 키우는 것이 좋지만, 실내에서 키운다면 해가 잘 들고 통풍이 잘되는 창가나 베란다가 좋다. 허브는 물에 굉장히 민감해서 물 줄 때 주의해야 한다. 다른 식물은 식재한 흙 표면이 마르면 물을 주는데, 허브는 흙이 말라 화분이 가벼워질 때까지 물을 주지 않다가 잎이 살짝 마르기 시작할 때 흠뻑 준다. 흙이 마르지 않았는데 물을 주면 뿌리가 썩거나 잎이 짓무를 수 있다. 물을 준 다음에는 바람과 햇빛이 잘 드는 곳에 며칠간 두면 싱싱하고 건강해진다.

공중걸이식물

습기에 약해서 많은 물이 필요하지 않으며 싱크대처럼 물이 자주 튀는 곳은 피해서 걸어둔다. 한 달에 한 번 물에 푹 담가 1시간 정도 수분을 흡수할 수 있도록 한다. 바람이 잘 통하는 곳에 두는 것이 좋으며, 잎이 건조하다고 느껴지면 스프레이 관수를 한다.

수경식물

관리의 기본은 수질 관리다. 보통 일주일에 한 번 물을 갈아주고, 화병은 그늘진 곳에 둔다. 햇빛에 가까운 곳에 두면 금방 이끼가 낀다. 또 흙에 비해 온도가 쉽게 변하기 때문에 한여름과 한겨울에는 실내 온도가 일정하게 유지되도록 신경 써야 한다.

구근식물

화려하면서도 튼튼해서 키우기 좋은 식물이다. 구근식물은 흙에 식재하는 방법과 수경재배하는 방법이 있다. 흙에 심었다면, 흙의 겉면이 말랐을 때 물을 준다. 수경재배를 선택했다면, 뿌리를 흐르는 물에 씻어낸 후 투명한 용기에 심는다. 이때 알뿌리는 노출되게 하고 수염뿌리를 백자갈 등으로 고정해 키운다. 물은 일주일에 한 번 교체한다. 직사광선은 피하고, 통풍이 잘되는 반그늘에 키우면 좋고, 재배 온도는 22~28도가 적합하다.

선인장과 다육식물

선인장과 다육식물은 잎에 많은 수분을 저장하고 있어 반그늘보다는 해가 잘 드는 창가에 몇 시간 정도 두는 것이 좋다. 볕이 부족하면 다육식물은 잎이 떨어지기도 한다. 다만, 온종일 직사광선을 쬐면 다육식물 잎도 탈 수 있으므로 주의한다. 물은 평균적으로 보름 또는 한 달에 한 번 준다. 물을 자주 주지 않기 때문에 한 번 줄 때 흠뻑 주고, 뿌리가 썩거나 무르지 않도록 바로 바람과 볕이 잘 드는 곳에 3~4시간 이상 둔다. 난과 마찬가지로 반드시 배수되어야 하므로 물빠짐 구멍이 있는 화분에 심도록 한다. 장마철에는 물 주는 주기를 더 길게 한다.

계절에 따른 관리법

혹서기

높은 온도에 식물이 상하지 않도록 에어컨을 틀어 실내를 시원하게 해주되 바람이 식물에 직접적으로 가지 않도록 한다. 주기적으로 환기해 신선한 공기를 쐬어주는 것도 중요하다. 또한 뜨거운 여름날의 직사광선에 오랫동안 노출되면 잎이 탈 수도 있으므로 햇빛은 블라인드를 내리거나 얇은 커튼을 쳐서 간접적으로 받도록 한다. 봄에 비료를 주지 않은 화분이 있다면 여름에 비료를 준다.

장마철

장마철은 햇빛이 부족하고 흙과 대기의 습도가 높으며 바람은 부족해 식물이 과습해지기 좋다. 식물의 과습은 단순히 흙이 젖어서 일어나는 문제가 아니라 흙 속에 공기층이 없어서 뿌리가 숨을 쉬지 못하고 무르는 상태다. 통기성이 좋은 화분에 식물을 심어 물이 고이지 않도록 하고, 습도를 체크해 물 주는 주기를 조절하며 최대한 바람이 잘 통하는 곳에 두도록 한다.

혹한기

겨울에 주의해야 할 식물은 다육식물과 선인장이다. 온도가 영하로 떨어지면 순식간에 잎이 얼어 되살아나기 어렵다. 햇빛을 쬐기 위해 창가에 둔다면 기온이 올라간 낮에 잠시 두고 저녁에는 따뜻한 곳으로 옮겨두는 것이 좋다. 잎이 얇은 식물은 잎에 스프레이 관수를 한 후 바로 창가에 두면 겨울 햇빛이라도 잎이 타버리기도 하므로, 잎이 완전히 마른 후 창가에 두는 것이 좋다. 난과식물과 금전수 같은 일부 관엽식물도 추위에 민감하므로 온도 조절에 유의해야 한다.

병충해 관리법

꽃과 식물을 다룰 때 피할 수 없는 것이 벌레와 질병이다. 꽃과 식물이 아름답게 관리된 모습만 보고 창업에 뛰어들면 가장 먼저 만나는 시련이다. 여름철 음식물을 빨리 처리하지 않으면 어느 순간 하루살이가 꼬이듯이, 식물도 관리를 소홀히 하는 순간 벌레가 생긴다. 보통 환기가 부족하거나 가지치기가 이루어지지 않아 과습한 환경이 조성되면 식물 자체에서 벌레가 생길 가능성이 커진다. 반면 관리와 무관하게 바깥에서 실내로 유입될 수도 있다. 식물에 질병과 벌레가 생기는 것을 각각 병해, 충해라고 부르며 합쳐서 병충해라고 부른다. 약제를 쓴다면 햇빛이 드는 날씨에 살포하고, 벌레가 이미 많이 번식했다면 충분한 양의 친환경 살충제를 뿌리는 방법도 있다. 최근에는 여러 약제를 갖추지 않더라도 복합적으로 치료할 수 있는 약제와 영양제가 많다.

흰가루병

밤낮의 온도 차가 크거나 통풍이 부족한 실내에서 잘 생기는데 식물 잎이 마치 밀가루를 뿌린 듯 하얗게 변한다. 한번 생기면 퇴치가 어려우므로, 살균제를 뿌리거나 통풍이 잘되도록 환기를 자주 시키고 가지치기를 해주는 것이 좋다.
약제: 베노밀, 다이센엠-45 등

탄저병

잎끝이 노랗게 변하다가 점차 짙은 갈색으로 변하는 병해다. 온도와 습도가 높을 때 발생률이 높으며, 병 발생 초기에 약제를 살포하고 더 퍼지기 전에 감염된 잎을 제거한다.

약제: 베노밀, 다이센엠-45 등

반점

잎에 노란색, 갈색, 검은색 등의 물에 젖은 반점(과습된 것처럼 보이는)이 나타나기도 하는데, 보통 고온 다습하거나 공기 순환이 좋지 않을 때 나타난다. 반점이 나타난 잎의 가지를 제거하고 통풍이 잘되도록 해준다.

약제: 베노밀, 다이센엠-45 등

흙곰팡이

습도가 높은 여름에 주로 발생하는 흙곰팡이는 그 자체로 식물에 큰 해를 입히진 않지만, 식물에 영양분과 수분 공급을 방해하므로, 가을에 새 흙으로 분갈이할 때 곰팡이가 핀 흙을 완전히 제거해준다. 산화수소수와 물을 2대 8로 섞어 곰팡이가 핀 토양에 부어주고 화분을 햇빛이 잘 드는 곳에 둔다.

깍지벌레

깍지벌레와 솜깍지벌레는 햇빛이 부족하거나 습한 곳에서 관엽식물이나 다육식물에 잘 생긴다. 눈에 보이는 것은 수시로 손으로 잡아내고, 심하면 살충제를 뿌린다.

약제: 매머드(액상), 수프라사이드(고독성이므로 주의)

뿌리파리

날파리의 종류로 일반 파리보다 훨씬 작고 뿌리에 피해를 입히는 해충이다. 흙 속에 있어 발견이 쉽지 않은데, 오랫동안 물을 안 줘도 흙이 젖어 있고 날파리가 흙 위를 날아다닌다면 의심해볼 수 있다. 햇빛이 잘 들고 통풍이 되는 곳에 화분을 옮기고, 심하면 살충제를 물에 희석해 흙에 부어준다.

약제: ○○킬(퍼메트린 희석액), 빅카드(액상), 디밀린(분말) 등

총채벌레

날파리의 한 종류로 식물잎에 알을 낳으면 그 유충이 잎에 해를 입힌다. 잎에 검은 점 같은 알이 붙어 있고 주변에 작은 벌레가 날아다니면 의심해봐야 한다.

끈끈이 트랩을 화분에 설치해 성충을 퇴치하고 살충제를 뿌린다.

약제: ○○싹(액상) 등

진딧물

매우 흔한 해충이다. 평소 잎 전체에 물을 뿌려주면 진딧물이 어느 정도 제거된다. 하지만 진딧물이 많으면 살충제를 써야 한다. 진딧물 살충제는 종류가 많은 편이다.

약제: ○○킬(퍼메트린 희석액), 코니도(분말) 등

응애

육안으로 보기 어려운 작은 거미다. 잎 뒤에 빨간색 점처럼 보이는 벌레가 붙어 있거나 미세한 거미줄이 보인다면 응애를 의심해볼 수 있다. 고온 건조하고 통풍이 안 되는 환경에서 발생하기 쉽다. 전용 살충제를 뿌려줘야 한다.

약제: 파발마(분말), 살비왕(액상) 등

달팽이

다육식물과 수생식물에 주로 기생해 잎과 뿌리를 갉아 먹는다. 잎사귀에 점액질이 보이고 갉아먹은 흔적이 있으면 달팽이가 있을 확률이 높다. 달팽이 유인제를 이용해 제거한다.

약제: 메타알데하이드 성분

나방

나방이나 나비도 그 애벌레가 잎을 갉아 먹을 수 있다. 나방과 나비 애벌레는 다육식물에 많이 기생한다. 별다른 약제가 없으므로 이들이 주로 알을 낳는 봄이나 가을에 식물의 새순을 관찰해 알집을 제거하도록 한다.

비료 주는 법

식물에 영양분을 주기 위해 만들어진 물질을 비료라고 한다. 비료의 필수 3대 요소는 질소(N), 인산(P), 칼리(K)다. 시중에는 이 세 가지 요소의 비율을 잘 맞춰 혼합한 비료가 사용하기 편리하게 판매되고 있다. 보통 처음 분갈이할 때 주고, 4월 초부터 10월 초중반까지 생육기에 준다. 생장이 왕성할 때는 질소 성분을, 개화기나 결실기에는 인산과 칼리를 준다. 관엽식물과 관화식물처럼 생장 속도가 빠른 식물에 비료를 좀더 준다. 처음 심었을 때보다 흙이 조금 꺼졌을 때 배양토 위를 덮어준다는 느낌으로 주면 알맞다. 서양란, 다육식물, 선인장처럼 생장 속도가 더디고 예민하지 않은 식물은 굳이 비료를 주지 않아도 된다.

질소(N)

질소는 잎의 비료라 할 만큼 잎 성장의 필수 요소다. 질소가 부족하면 생장이 억제되고, 과다하게 많으면 개화는 더디지만 시기에 맞지 않게 제멋대로 웃자라며 해충이 발생하게 된다.

인산(P)

꽃의 개화나 열매의 결실을 촉진하는 요소다. 온도가 낮을 땐 흡수가 잘되지 않는 물질이라 가을과 겨울에는 토양에 인산이 많더라도 결핍 증상이 생길 수 있다. 식물에 인산이 부족하면 일시적으로 잎의 가장자리가 보라색으로 변하거나, 꽃과 열매의 결실이 더디고, 과다하면 꽃의 개화와 노화가 빨라진다.

칼리(K)

칼리는 줄기의 발육을 활발하고 견고하게 하며, 다른 효소 물질인 탄수화물과 단백질 등을 저장하는 데 도움을 준다. 칼리가 부족하면 서서히 잎이 마르고 뿌리가 썩는다.

화분자동급수기

식물에 물 주는 일을 자주 깜빡하거나 오랫동안 숍을 비우는 등 식물을 관리하지 못하는 사정이 생기면 유용하게 쓰인다. 시중에 일회용 페트병에 연결해 쓰는 저렴하고 간단한 자동급수기도 판매하고 있다.

식물용 LED 등

실내에 해가 많이 들지 않는다면 실내등을 일반용이 아닌 식물용 LED 전구로 교체한다. 태양 빛에 가까운 빛을 내 식물 광합성을 촉진하고 생장을 돕는다.

온실보호장치와 온도계

겨울이 오면 각 식물마다 살 수 있는 최저기온을 파악해 실내 온도를 조절해야 한다. 온도계로 낮과 밤 온도를 체크하고 온도가 낮다면 식물 자체에 온실보호장치를 설치해줘야 한다. 온실보호장치는 작은 비닐하우스라고 볼 수 있다.

6

상품 제작

소매점은 절화 상품만으로 수익을 내기 어려운 경우가 많다.
주택가에 위치하거나 주변에 사무실이 많다면 분화 상품 제작은 필수다.
여기에서는 시장에서 사온 식물을 어떻게 상품화할 수 있는지
가장 기본적인 제작법을 제시했다.
식물과 마찬가지로 화분도 유행을 타니
식물을 사올 때 화분도 함께 사는 것이 좋다.

화분은 식물 특성과 시각적인 안정감을 고려하여 고른다

화분을 고를 때 가장 먼저 고려해야 할 점은 식재할 식물의 특징이고, 그다음이 디자인이다. 화분과 식물의 높이 비율을 5대 3, 1대 1로 하면 안정적인데, 요즘은 이 비율을 반대(3대 5)로 해서 식물을 더욱 풍성하게 보이도록 하기도 한다. 뿌리가 강한 식물은 뿌리 크기보다 1.5~2배 정도 여유 공간이 있는 화분이 좋고, 물을 자주 줘야 하는 식물은 반드시 물빠짐 구멍이 있고 통풍이 잘되는 것으로 골라야 한다.

흙은 화분 높이의 80~90퍼센트가 좋다

흙을 너무 많이 넣으면 물을 줄 때 흙이 화분 밖으로 넘쳐 지저분해지고, 너무 적으면 뿌리를 충분히 지지하지 못해 식물이 건강하게 자라지 못한다.

식재 후에는 물을 충분히 주고 비료는 바로 주지 않는다

다육식물과 선인장이 아니라면 식재 후에는 물을 충분히 준다. 어떤 식물이든 식재 후에는 일주일 정도 반그늘에 두어 휴식하게 한다. 뿌리가 완전히 회복하기 전에 광합성을 하게 되면 식물에 무리가 된다. 비료나 영양제도 바로 주기보다 뿌리가 안착할 때까지 기다린 후 서서히 주는 편이 바람직하다.

고객에게 이름과 관리법을 안내할 수 있어야 한다

식물 식재 후 꾸준히 관리를 하며 식물의 성질을 충분히 이해해야 한다. 그러한 이해를 바탕으로 작성한 정보(이름, 물 주는 시기, 화분을 놓을 위치 등)는 별도로 고객에게 제공하는 것이 바람직하다.

관엽식물

관엽식물은 난과 더불어 개업 선물이나 집들이 선물로 많이 찾는다. 따라서 중간 크기의 식물과 대형 식물을 갖춰두는 것도 좋다. 특히 큰 화분에 심은 관엽식물은 플라워숍 인테리어로 활용할 수도 있다.

준비물

화분(토분)
원예용 장갑
꽃가위
모종삽
양동이
작업판
배수망
나무젓가락
카드 픽
메시지 카드
리본
백자갈(작은 것)
펄라이트
에그 스톤
난석
배양토
숯(훈탄)

1 배수층 만들기

새 화분에 배수망을 깔고 배수층이 될 난석을 화분 전체 비율의 20퍼센트 정도 높이로 깔아준다. 이렇게 해야 물 빠짐이 좋다.

2 흙 배합하기

관엽식물은 물을 좋아하는 식물이므로 이에 맞게 흙을 배합해야 한다. 여기에서는 준비해둔 양동이에 배양토 85퍼센트, 숯 5퍼센트, 펄라이트 10퍼센트 비율로 넣고 섞었다.

> **Tip**
>
> 질석 또는 바크를 5~10퍼센트 더 추가하면 보수성과 통기성이 좋아진다.

3 식물 빼내기

식물(올리브)이 단단한 포트에 들어 있다면, 가위나 고무망치 등으로 포트 가장자리를 톡톡 친 뒤, 식물 줄기를 잡고 살살 흔들면서 빼면, 포트와 깔끔하게 분리된다.

4 식물 넣기

난석 위에 앞서 배합한 흙을 약간 깔고 식물을 화분 중앙에 놓는다. 배합한 흙을 더 넣으면서 손가락이 들어가지 않는 틈새는 나무젓가락으로 콕콕 찔러 잘 채운다.

5 흙 다지기

물을 줄 때를 고려해 흙은 화분보다 1~2cm 낮게 채우고 식물이 기울어지지 않게 흙을 눌러 고정한다. 이때 가볍지만 살짝 무게를 싣는 정도의 힘으로 흙을 다지는 것이 좋다. 뿌리가 예민하거나 약한 식물은 흙을 너무 강하게 눌러 다지지 않는다.

6 마감재 깔기

에그 스톤으로 퍼즐을 맞추듯 표면을 모두 채운 후 흙이 보이거나 비어 있는 곳은 작은 백자갈 등으로 깔끔하게 채워준다. 단, 뿌리가 약한 식물에는 에그 스톤은 올리지 않는다.

7 마무리하기

준비한 메시지 카드를 카드 픽에 꽂고 리본을 맨 뒤 화분 옆에 꽂아준다.

Tip

메시지 카드 뒷면에 관리법과 상호 등을 인쇄하기도 한다.

난과식물

난은 대부분 뿌리가 강하고 크기 때문에 넓고 높은 화분을 준비한다. 상견례(예단)나 전시회 선물로 자주 찾는다.

준비물

- 화분(도자기)
- 원예용 장갑
- 꽃가위
- 모종삽
- 작업판
- 투명 OPP 포장지
- 나무젓가락
- 리본 가위
- 스카치테이프
- 샤무드 끈(흰색, 분홍색, 갈색)
- 오죽
- 흑색 에그 스톤
- 난석
- 바크
- 이끼(비단 이끼)

1 배수층 만들기

난석을 화분 바닥에 깔아주고 그 위에 화분 높이의 20~30퍼센트 정도 되도록 바크를 깐다.

2 식물 빼내기

서양란은 질긴 비닐 포트가 뿌리를 감싸고 있어 꺼내기 어려우므로, 사진처럼 가위로 잘라서 분리한다.

3 식물 넣기

식물을 화분 중앙에 놓는다. 바크를 추가로 넣으면서 나무 젓가락 또는 막대로 손가락이 들어가지 않는 틈새까지 잘 채운다.

4 서양란 지지하기

시장에서는 서양란의 줄기를 굵은 철사에 PVC 컬러 타이로 묶어 지지하여 유통하는데, 품위에 걸맞지 않으므로 하나씩 풀어서 제거한다. 그다음 줄기 색상에 맞춘 샤무드 끈으로 다시 자리를 잡아 묶어준다.

5 마감재 깔기

흑색 에그 스톤과 풍성한 이끼를 번갈아가며 깔아 바크가 보이지 않게 배치한다.

6 장식하기

오죽 또는 오리목 같은 자연 소재를 활용하여 양란의 기품을 한층 더 살려준다.

> **Tip**
> 느티나무 가지나 다래 넝쿨을 활용해도 좋다.

7 포장하기

투명 OPP 포장지를 화분 높이의 2.5배로 재단한다. 포장지 중앙이 화분 아래에 오도록 바닥에 깔고 양쪽 끝이 서로 마주보게 잡는다. 이때 식물이 상하지 않도록 공간을 만들어준다. 마주보는 포장지 끝을 스테이플러 또는 스카치테이프로 고정한다. 보통 화분을 들고 가므로 사진처럼 샤무드 끈으로 묶어 포장지가 움직이지 않게 고정한다.

선인장과 다육식물

선인장과 다육식물은 물을 자주 주지 않아도 되는 특성 때문에 식물을 키우기 어려워하는 직장인들이 사무실 책상 위에 올려둘 목적으로 상품을 많이 찾는다. 주로 작은 크기를 선호하지만, 최근에는 선인장과 다육식물을 섞어 심은 상품을 개성 있는 인테리어 소품으로 보아 선물용으로 찾기도 한다.

준비물

화분(도자기)
원예 장갑
핀셋
붓
꽃가위
모종삽
양동이
작업판
나무젓가락
고무줄
마사토
다육이 흙

1 배합토 깔기

다육이 흙을 화분의 3분의 2 높이로 깐다.

2 식물 빼내기

다육식물은 잎에 비해 뿌리가 굉장히 가늘고 약하다. 따라서 포트에서 빼낸 후 흙을 정리하면 뿌리가 상할 수 있으므로, 흙을 떨어내지 않고 그대로 사용하는 게 좋다.
포트에서 분리할 때는 포트 바닥면을 살짝 쥐면서 빼면 식물이 말끔하게 분리된다. 선인장은 식물을 손이 아닌 핀셋이나 집게를 이용해서 잡는다.

3 다육식물과 스투키 배치하기

깔아둔 다육이 흙 위에 식물을 배치한다. 다육식물은 자리를 정한 뒤 사진처럼 양옆으로 나무젓가락을 나란히 올린다. 나무젓가락을 기준으로 삼아 식물의 간격과 높이를 조정할 수 있다.
스투키는 고무줄로 묶어서 포트에서 분리해야 줄기가 가닥가닥 흐트러지지 않는다.

4 식물 고정하기

배치한 식물 위로 다육이 흙을 부어가며 나무젓가락을 하나씩 제거해간다. 다육식물이나 스투키는 식물 크기와 무게에 비해 뿌리 양이 아주 적고 약해서 나무젓가락으로 식물 사이사이에 흙을 잘 채워야 튼튼하게 자리를 잡는다. 단, 너무 꾹꾹 누르지 않는다.

5 선인장 배치하기

선인장은 가시에 찔리지 않게 핀셋으로 잡아서 안전하게 배치한다.

6 마무리하기

마사토를 화분 전체에 깔아 나무젓가락으로 눌러가며 식물을 좀더 튼튼하게 고정한다. 식물이나 화분 가장자리에 묻은 흙은 붓으로 떨어서 정리한다. 스투키 고무줄도 잘라낸다.

Tip

물은 식재 후 바로 주지 않고, 7~10일 후 주는 것이 좋다.

수경식물

주로 가습용이나 시원해 보이는 여름 인테리어를 위해 구매한다. 이끼가 낄 수 있으므로 세심하게 관리하고, 고객에게도 관리법을 안내해야 한다.

준비물

투명한 유리 화기
원예용 장갑
영양제
물조리개
물통
백자갈

1 식물 준비하기

포트에서 빼낸 식물(테이블야자)의 뿌리를 물통에서 여러 차례 흔들어 씻어 흙을 제거한다.

2 식물 배치하기

깨끗한 유리 화기에 세척한 백사길을 얕게 깐 뒤 그 위에 준비한 식물을 올리고 남은 백자갈을 차곡차곡 쌓아올려 뿌리를 고정한다. 자갈은 전체 유리 화기 높이의 3분의 2 정도가 적당하다.

3 물 붓기

너무 차갑지 않은 물을 조리개에 담아서 붓는다. 이때 식물 뿌리만 잠기도록 한다.

4 마무리

수경재배용 액상 영양제를 4~5방울 넣는다. 직사광선을 피해 밝은 그늘에서 관리한다.

> **Tip**
>
> 최소 주 1회 물을 갈아주면 뿌리가 썩는 것을 막을 수 있다.

7

분갈이

식재해둔 상품이 빨리 판매되지 않거나
가끔 고객의 요청으로 분갈이를 해야 할 때가 있다.
분갈이 계획을 세웠다면 잠시 생장을 멈출 수 있도록
하루 이틀 전부터는 물을 주지 않는다.
이외에 옮겨 심는 방법은 포트 분화를 화분에 심을 때와 같다.

언제 해야 할까

화분 물빠짐 구멍으로 뿌리가 나왔을 때

식물이 한 화분에 오랫동안 식재되어 있으면 점차 비대해진 뿌리가 뻗어나갈 곳이 없게 된다. 가끔 식물의 키가 웃자라면 분갈이를 해줘야 한다고 생각하지만, 이는 식물의 생장 환경이 맞지 않아 뿌리는 크지 않고 키만 크는 현상으로 굳이 분갈이할 필요는 없다. 이럴 땐 필요에 따라 가지치기만 해준다.

잎이 누렇게 되었을 때

흙에 영양분이 적어 잎이 누렇게 되거나 후드득 떨어진다면 좋은 토양을 섞어 분갈이해야 한다.

심은 지 1~2년이 되었을 때

1~2년을 주기로 뿌리, 잎, 줄기의 상태를 봐서 시기를 결정한다. 식물의 생장이 왕성해지기 전인 봄에 하면 좋다. 10월 이후 겨울철에는 추천하지 않지만, 최저 온도가 15도로 유지되는 온실이라면 괜찮다. 뿌리가 아주 예민해서 한겨울이나 한여름에 분갈이할 때 특히 유의해야 하는 식물은 톨레락, 금전수, 민들레, 디스키디아, 포인세티아, 로즈메리, 보로니아, 유칼립투스 등이 있다.

8

진열하기

분화는 무게가 있고 장기적으로 관리하므로
자리를 잡으면 한동안 그 자리에 머무는 경우가 많다.
새로운 분화를 들일 때도 빈 곳을 채우기 위해 비슷한 종류를 산다.
특히 절화 판매 비중이 높을수록 분화 진열에는 소홀할 수 있다.
하지만 절화로만 매출을 내기 어려우므로
다양한 측면을 고려해 분화의 진열에 신경 써야 한다.

고려할 점

모든 분화가 골고루 보여야 한다

고객이 쉽게 볼 수 있어야 한다. 고객 시선 높이, 매장의 밝기, 진열대 종류를 고려해 모든 상품이 정돈되어 있어야 한다.

보기 쉽게 놓는다

화분 디자인, 기능, 특징 등이 한눈에 들어오도록 품목별, 색상별, 용도별, 가격별, 테마별로 연관성 있게 진열한다. 층과 공간으로 구분하면 좋다. 선인장이나 다육식물처럼 식물의 키가 작거나 볼륨이 작은 상품은 앞쪽에, 잎이 큰 관엽식물은 뒤쪽에 진열하면 안정적으로 보인다.

포인트를 준다

꽃이 있는 작은 화분은 입구에 진열해 눈길을 끌거나 서양란과 재스민처럼 꽃이 피거나 향기가 있는 화려한 분화는 가장 눈에 띄기 쉬운 곳에 진열해 고객의 주의를 환기하고 흥미를 유발한다.

상품의 회전 속도를 반영한다

판매실적이나 재고 상황 등을 파악한 다음 고객의 시선이 닿는 곳에 가장 빨리 판매가 될 만한 상품을 놓는다.

식물의 생장 환경을 고려한다

대부분 분화는 반그늘에 바람이 잘 드나드는 곳이 좋지만, 꽃이 핀 식물은 직사광선과 바람이 없는 곳에, 다육식물은 빛이 잘 드는 곳에 놓는 등 예외가 있다. 자리를 잡았다고 그냥 두지 말고 식물 생장 환경을 고려해 주기적으로 진열을 바꾸도록 한다.

위치에 따라

외부 진열

매장 앞을 지나가는 사람들의 발걸음을 멈추게 해 자연스럽게 매장 내로 유도하는 역할을 한다. 부담스럽지 않은 크기와 가격의 상품 위주로 진열하며, 출입을 방해하지 않도록 통로는 넓게 비워둔다. 주로 낮은 선반과 바닥에 진열한다. 식물을 밖에 두기 때문에 청결에 유의하고 추위와 더위도 신경 써야 한다.

쇼윈도 진열

고객이 밖에서 상품을 보게 하려고 할 때 필요한 진열이다. 플라워숍의 전체적인 인상을 결정하는 데 가장 큰 영향을 끼치기도 한다. 따라서 마치 그림을 완성하는 것처럼 바닥과 벽, 조명과의 조화를 생각해야 하며, 전체적인 구도를 고려해 식물을 배치해야 한다. 주로 쇼윈도 가까이에 선반을 놓아 식물을 올리는데, 이때 식물의 높이는 지나는 사람의 시선과 높이를 맞춘다. 또 공중걸이 식물을 매달아 위쪽이 비어 보이지 않게 하며, 큰 식물은 벽에 가까이 배치해 안정감을 준다. 쇼윈도 진열을 할 때는 무조건 밖으로 나가서 살펴본 후 마무리해야 한다. 상품이 실내에 있기 때문에 외부 진열보다 관리하기 쉽다.

실내 진열

통로는 고객의 동선이므로 상품 수를 줄이는 편이 좋고, 벽면은 테이블식 선반과 계단식 선반을 두어 단조로운 벽에 포인트를 주는 동시에 진열 공간으로 활용한다. 계산대 주변에는 판매가 잘되는 상품, 마진이 높은 상품, 핵심 상품을 놓는다.

계절에 따라

봄

: 팬지, 데이지, 수선화, 히아신스 등 꽃 종류와 구근식물

꽃은 겨울이 지나고 봄이 왔음을 가장 빨리 느끼게 한다. 특별한 목적으로 상품을 사기 위한 사람들만이 아니라 지나가는 사람들의 시선을 끌고 기분을 고조시킬 수 있도록 알록달록한 색깔의 팬지, 데이지, 수선화 같은 분화를 외부 진열한다. 동사할 가능성이 있으므로 충분히 날씨가 따뜻해졌을 때 밖에 내놓는다.

여름

: 테이블야자, 칼랑코에, 허브류, 파키라, 고무나무 등 관엽식물과 수국 같은 푸른색 꽃이 핀 분화

더운 여름에는 싱그럽고 시원해 보이는 게 좋다. 잎이 큼직하고 초록색이 산뜻해 보이는 관엽식물들을 진열한다. 더위와 습기, 뜨거운 볕 때문에 식물은 외부 진열이 아닌 실내 진열로 하되, 쇼윈도를 통해 식물들이 잘 보이도록 배치한다.

가을

: 국화, 피라칸타 등 열매와 잎이 시선을 끄는 상품

너무 춥지도, 덥지도 않은 기온이라 외부 진열하기 좋다. 국화, 피라칸타처럼 색깔이 돋보이는 식물을 외부 선반과 진입 통로 쪽에 놓아 사람들의 주목을 받도록 한다.

겨울

: 크리스마스트리, 갈란드 등 연말 분위기가 느껴지는 상품

겨울에는 크리스마스트리와 연말 분위기가 나는 소품을 쇼윈도에 배치하고 율마와 유칼립투스 등 비교적 추위에 강한 식물을 실내에 놓는다.

자카란다

4장

매장 관리와 운영

1

플라워숍의 하루

플라워숍의 일과는 영업시간을 중심으로 일정한 편이지만 주문 상품과 수량에 따라 유연하게 움직여야 한다. 꽃시장 방문은 오픈 전 이른 아침이나 마감 후 늦은 밤 이루어지므로 운영에 차질이 없도록 신경 써야 한다. 다음을 기준 삼아 각자의 조건에 맞게 적용해보자.

7:00~09:00 오픈 준비

절화를 사는 날은 오전 7~8시에 꽃시장을 간다. 필요한 것을 사는 데는 1~2시간 정도 걸린다. 용달차나 자차를 이용해 꽃을 가게로 옮기고 오픈 준비를 한다. 밤에 시장에 다녀왔다면 꽃을 신문지에 완전히 말아 물에 담가서 오픈 시간까지 수분을 유지(96쪽 참고)하도록 한다.

9:30~10:00 주문 확인

매장에 들어오면 예약 주문서(314쪽 참고)를 확인한다. 주문자, 받는 사람, 결제 여부, 상품명, 배송지, 카드 문구 등 주문 내역을 파악하고 인수증을 작성한다. 오전 배송은 전날 미리 배송을 예약하여 오픈과 동시에 배송이 이루어진다. 인수증은 두 장을 만들어서 한 장은 가게에서 보관하고, 한 장은 배송기사에게 전달한다.

10:00~12:00 청소와 컨디셔닝

계절에 맞는 식물들을 가게 앞에 내놓고 청소한다. 이후 절화 컨디셔닝을 시작한다. 바닥에 놓인 꽃의 줄기를 밟거나 잎을 떨어뜨리지 않도록 주의한다. 고객이 언제 올지 모르기 때문에 매장 한쪽에서 작업하며 틈틈이 치워 청결한 환경을 유지한다. 재고도 다시 컨디셔닝하고 물을 갈아준다. 매장 앞을 자주 오가는 사람들을 고려해 화분들의 자리도 바꾼다. 한자리에 오랫동안 같은 화분이 있으면 상품이 안 팔린다고 생각하기 때문이다.

12:00~13:00 점심시간 고객 맞이

예약 전화를 하거나 매장에 방문해 구경하는 사람들이 많다. 매장 앞을 오가는 사람들이 많은 위치일수록 가게 문을 활짝 열어두고 상품 배치를 다시 하거나 청소하는 등 활동적인 모습 보여주는 것이 좋다. 너무 덥거나 추운 때가 아니라면 향기가 있는 관화식물을 문 앞에 둔다.

13:00~17:00 상품 제작

오전에 받은 오후 주문을 확인하고 상품을 제작 후 배송한다. 이후 고객이 퇴근 후 수령하기로 한 주문 상품을 제작하거나 예약 없이 퇴근길에 들르는 고객에게 판매할 상품을 만들어둔다. 물올림이 잘된 꽃으로 제작해서 고객이 보고 바로 사갈 수 있도록 한다.

17:00~19:00 재고 확인

다음 날 오전 주문 상품을 제작하고 배송을 예약한다. 절화와 분화, 부자재의 재고를 확인한 후 구매 리스트(311쪽 참고)를 정리한다.

19:00~20:00 청소와 마감

마감을 준비한다. 오픈 때보다는 간단하게 청소를 마치고, 다음 날 일정을 체크한다.

※ 인스타그램과 블로그 등 SNS 홍보 작업은 시간 날 때마다 한다.

2

한눈에 보는 플라워숍의 1년

플라워숍을 10년 운영했다고 하더라도, 각각의 시즌과 기념일은 겨우 10번 경험한 것에 불과해 매순간 처음인 것 같아 당혹스러운 일을 겪기도 한다. 하지만 흐름을 익히면 미리 준비할 수 있어 운영에 큰 도움이 된다.

1월 새해 맞이

연초는 기업의 승진 이동이 많은 시기이므로 꽃바구니, 동양란, 서양란 등을 진열하고 판매를 준비한다. 배송 요청이 많으므로 미리 여러 배송업체를 알아두면 좋다.

창업 준비 중이라면

서양란을 다양한 방법으로 디자인하여 식재하는 방법을 배울 수 있는 때다. 회사에서 구매하는 가격대와 식물 크기, 배송 시스템을 비롯해 거래처 관리도 익힐 수 있다.

2월 졸업 시즌, 밸런타인데이

주변 학교의 졸업식 날짜, 시간, 졸업생 수 등을 미리 알아보고 준비해야 할 때다. 꽃다발을 가격대와 디자인별로 나눠 준비한다. 여성에게 선물할 꽃은 옐로, 오렌지, 핑크를, 남성을 위한 꽃은 블루, 보라, 버건디를 주로 찾는다. 가격대는 작은 다발은 3~5만 원, 중간 다발은 5~7만 원, 대형 대발은 7~10만 원 선으로 준비하는 것이 좋다.

창업 준비 중이라면

평소보다 몇 배 이상의 상품을 준비해야 장사할 수 있으므로, 이때 일을 배우면 손이 빨라질 수 있다. 업무량에 비례해 실수가 나올 수 있지만 많이 배울 기회라고 생각해야 한다.

3월 화이트데이

사전 제작과 맞춤 제작 판매가 많이 이루어지는 때다. 케이크, 샴페인 같은 상품과 함께 배송하는 일도 잦다. 가격과 색깔 별로 상품을 제작하고 연출한다. 2월 밸런타인데이와 더불어 화이트데이는 기념일 며칠 전에 원데이 클래스를 진행하기 좋다. 직접 플라워 박스를 만들어 선물한다는 것에 의미를 두는 고객이 많기 때문이다.

창업 준비 중이라면

상품의 포장법이나 연출 방법을 배우기 좋다.

4월 5월을 준비하는 달

플라워숍의 가장 큰 대목인 5월을 앞두고 본격적인 준비를 해야 할 때다. 5월에는 어린이날, 어버이날, 스승의날, 로즈데이, 성년의날, 부부의날 등 기념일이 몰려 있어서 4월 중순부터 기념일에 따른 구성품(예: 와인), 부자재를 충분한 물량으로 준비하고 아이디어 상품도 구상한다.

창업 준비 중이라면

대목을 앞두고 기념일 성격에 따른 대량의 상품을 어떻게 계획하고 대비해야 하는지 배울 수 있다.

5월 1년 중 가장 바쁜 성수기

어버이날을 앞둔 사흘 전부터 꽃이 준비되어 있어야 한다. 하루 전인 5월 7일 저녁에 고객이 가장 많다. 가격 대비 손이 많이 가는 코르사주는 미리 주문받는 것이 좋다. 기념일에 따라 꽃을 추가적인 선물로 생각하여 저렴하지만 크기가 커 보이는 상품이나 한 송이 포장도 꽤 찾는다. 이를 고려해 플라워숍의 동원 인력과 인건비, 시간당 제작할 수 있는 상품 개수 등을 미리 따져야 한다. 또 매년 판매량이나 유행이 달라지니 시장 상황도 파악해야 한다. 로즈데이의 경우 주로 나가는 빨간 장미를 50송이, 100송이로 나누고, 규격과 퀄리티에 따라 주문받는다. 성년의날에도 한 송이 포장을 주로 찾는다. 부부의날은 화려하고 개성 있는 디자인의 꽃다발이나 센터피스도 많이 찾는 편이다. 따라서 이때는 여러 종류의 꽃을 준비해두면 좋다.

창업 준비 중이라면

다양한 포장 기술을 배울 수 있고, 여러 고객을 상담하고 응대하는 경험을 쌓을 수 있다.

6~8월 비수기

6월은 바쁜 5월을 보내고 잠시 숨을 돌릴 때다. 이후 7~8월은 실내 인테리어에 활용할 만한 식물을 진열해 홍보한다. 시원한 느낌이 드는 부레옥잠이나 수련 같은 수생식물을 투명한 유리 화기에 넣어 진열하고, 꽃보다 분화를 주력 상품으로 판매해 매출을 일으킨다. 한편 여름에 나오는 절화는 꽃 상태가 겨울보다 좋지 않고 생명력도 짧아서 비교적 저렴한 편이므로 풍성하게 연출한 상품을 선보이기에도 좋다.

창업 준비 중이라면

플라워숍의 평소 루틴을 익히기 좋다. 식물 인테리어나 원데이 클래스 같은 부수적인 부분에 대해서도 알아두기 적절한 시기다.

9~10월 가을 맞이

드라이플라워, 분화, 갈대 등으로 가을의 느낌을 살려 매장을 연출한다. 주변에 대학이 있다면 코스모스 졸업식에 맞춰 꽃다발을 준비하고, 그 외에 갤러리, 공연장 등의 일정도 미리 체크한다. 전시회는 꽃다발보다 보관이 쉬운 꽃바구니나 센터피스, 화병 꽂이를 선호하는 점도 기억하자.

창업 준비 중이라면

가을·겨울 분위기의 플라워 연출을 배우고 꽃바구니, 센터피스 등의 제작을 손에 익히기 좋은 때다.

11월 빼빼로데이

주변에 학교와 회사가 많다면 빼빼로데이 특수를 고려해도 좋다. 꽃과 빼빼로를 함께 포장한 기획 상품을 진열해둔다. 보통 드라이플라워를 이용한 미니 꽃다발을 활용하는 편이다. 곧 크리스마스가 다가오므로 연말 분위기를 살려 네온, 조화, 오너먼트 등으로 매장을 장식하고 철거 시기도 계획한다.

창업 준비 중이라면

연말연시에 어울리는 플라워 연출 및 드라이플라워, 미니 꽃다발, 아이디어 상품 포장을 배운다.

12월 크리스마스

크리스마스 분위기를 낼 수 있는 포인세티아, 리스, 목화 등을 준비해 진열한다. 갈란드나 크리스마스트리 등 부수적으로 판매할 만한 소품도 준비한다. 연말정산과 세금계산서 등도 챙기면서 한 해를 마무리하고 다음 해를 계획한다.

창업 준비 중이라면

한 해를 마무리하며 할 일이 무엇인지, 다음 해는 어떻게 계획할지 배운다.

3

청소 관리

어떤 업종이든 청결은 기본이다. 보이는 모습도 중요하겠지만, 제대로 관리하지 못하면 식물의 수명을 단축시켜 손해를 보기 때문이다. 무엇보다 일하는 사람의 안전과도 밀접한 관계가 있으니 반드시 청소에 신경을 써야 한다.

원칙

매장은 모든 순간 깨끗해야 한다

매장의 청결도가 곧 플라워숍의 이미지다. 컨디셔닝을 하다보면 흙, 물, 먼지가 다량으로 발생한다. 청소를 안 하면 반드시 지저분해질 수밖에 없다. 국제 대회에서도 꽃의 잎과 줄기가 바닥에 떨어져 밟으면 감점 요인이다. 플라워숍의 바닥은 늘 깨끗해야 하고, 진열대와 꽃냉장고도 청결하고 정돈되어야 한다.

청소 체크리스트가 있어야 한다

청소 체크리스트를 만들면 놓치는 걸 예방할 수 있다. '바닥' '꽃냉장고 물 교체' '진열대' '꽃냉장고 유리문' 등으로 항목을 만들어 놓치는 부분 없이 꼼꼼하게 청소한다.

청소 도구를 깨끗하게 유지한다

도구가 깨끗해야 청소도 깔끔하게 된다. 특히 걸레 관리를 잘해야 한다. 바닥은 떨어진 줄기와 잎을 밟아 초록색 물이 들 때가 많다. 대걸레로 닦기보다 손걸레로 힘 있게 문질러 닦아야 잘 닦인다. 따라서 바닥용 손걸레와 대걸레를 각각 마련하고, 작업대용 행주와 마른행주를 따로 관리한다. 빗자루도 수시로 쓰므로, 작업자의 키에 맞고, 물기 있는 가지와 꽃잎도 잘 쓸리는 것으로 마련해야 한다. 또 솔 부분이 더러워질 때마다 주기적으로 교체한다.

꽃냉장고 청소는 자주 할수록 좋다

꽃냉장고 청소는 여러 번 강조해도 모자람이 없고 자주 할수록 좋다. 플라워숍에 들어섰을 때 가장 먼저 눈에 들어오므로 내부가 잘 보이게 유리 청소를 자주 해야 한다. 또한 수질은 꽃의 수명을 결정하므로 냉장고 안 물통도 자주 닦아줘야 한다. 물통 틈새에 찌꺼기가 끼고 미생물이 번식하기 때문에 물통 자체를 깨끗하게 유지해야 한다. 물통용 수세미는 따로 관리한다.

원예 도구는 수시로 소독한다

가위, 나이프, 가시제거기처럼 자주 쓰는 원예 도구는 사용 후 그때그때 이물질과 먼지를 제거하고 소독하는 것이 원칙이다. 특히 병든 식물을 다룰 때 썼던 도구로 인해 다른 식물도 감염될 수 있으므로 알코올 소독을 꼭 해줘야 한다. 마감을 할 때 오늘 썼던 도구들을 소독했는지 한 번 더 살피고 제자리에 정리하도록 한다. 소독 방법은 270쪽에 적었다.

방법

오픈 전

실내

1. 커튼이나 블라인드를 걷고 냉장고 조명을 켠 다음, 매장과 냉장고 문을 모두 열고 환기를 시킨다. 냉장고 문은 밤새 닫혀 있어 습하기 때문에 잠시 열어둔다. 단, 문을 열어둔 사이 냉장고 온도가 오르면 꽃의 신선도를 유지하기 어려우므로 신경 써야 한다.
2. 마감 때 바닥 청소를 꼼꼼하게 했다면 오픈 때는 가볍게 쓸고 닦는다.

진열대, 작업대

1. 먼지떨이로 드라이플라워, 프리저브드플라워, 조화 상품의 먼지를 가볍게 떨어준다.
2. 화기와 장식용품에 앉은 먼지도 떤다.
3. 진열대에 놓인 분화에 물을 주고, 물기를 꼭 짜낸 손걸레를 이용해 진열대 위에 쌓인 먼지, 얼룩, 물기를 닦는다. 화분에 묻은 흙과 먼지도 닦는다.
4. 마른 손걸레를 이용해 한 번 더 닦는다.
5. 작업대에는 식물에서 나온 얼룩이 있는지 확인하고, 진열대와 마찬가지로 젖은 행주와 마른행주를 이용해 닦는다.
6. 진열대에는 상품 외에는 개인적인 물건을 올려두지 않도록 한다.

마감 후

원예 도구

1. 먼지와 흙 같은 이물질을 떨어낸다.
2. 알코올과 물을 7대 3으로 섞어 혼합한다. 락스와 물을 1대 9로 혼합해도 된다.
3. 혼합한 액체를 분무기에 담고 소독할 도구에 분사한다.

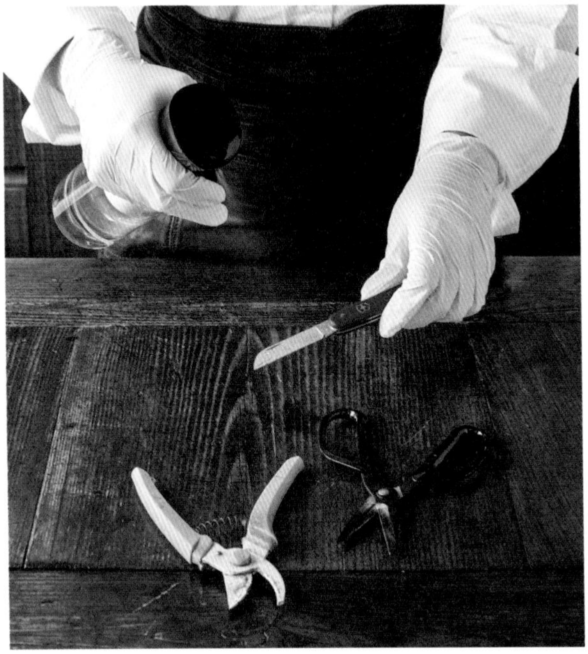

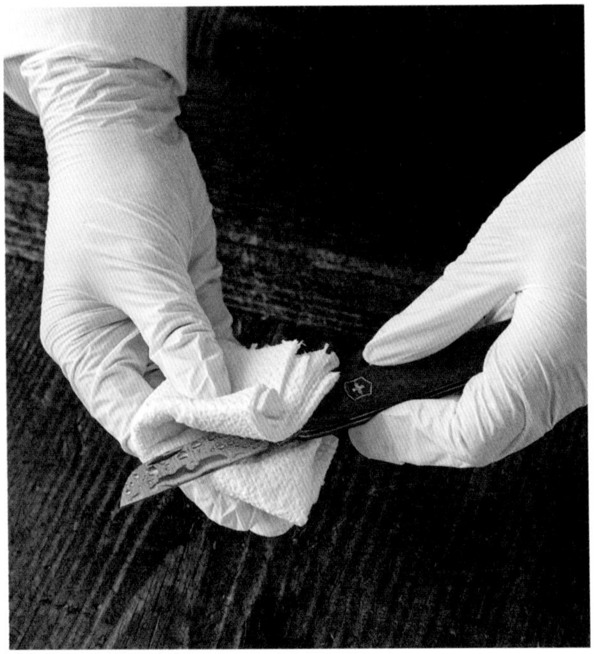

4. 마른 수건으로 한 번 닦아주고 제자리에 수납한다.

바닥

1. 빗자루로 바닥과 진열대 밑, 냉장고 주변을 꼼꼼하게 쓸어낸다.
2. 물기를 꼭 짜낸 대걸레를 이용해서 전체를 닦는다.
3. 컨디셔닝을 한 날에는 줄기나 잎을 밟아 생긴 얼룩이 바닥에 남지 않도록 손걸레로 힘주어 닦는다.
4. 대걸레를 깨끗이 빨아 한 번 더 닦는다.

쓰레기, 재활용 폐기물 정리

1. 비닐, 박스, 신문지는 따로따로 모아 정해진 분리수거 장소에 내놓는다.
2. 꽃과 줄기, 잎 등의 식물은 규격 봉투에 담아 일반쓰레기로 배출한다.

청소 도구 정리

1. 바닥용, 진열대용, 작업대용 걸레와 행주를 분리해 세척한다.
2. 물기를 꼭 짜서 간이 건조대나 걸이에 걸어 건조한다.

매주

가게 유리창

1. 유리 전용 세제와 유리 청소용 마른행주를 준비한다. 오염된 부분뿐만 아니라 전체적으로 세제를 가볍게 도포한다.
2. 세제가 마르기 전에 마른행주로 가볍게 문질러 세제를 없앤다.
3. 유리창 안팎으로 얼룩 없이 닦는다. 잘 닦이지 않는 얼룩은 구연산을 녹인 용액이나 식초 등을 사용해 닦는다.

꽃냉장고

꽃냉장고는 일주일에 두세 번 이상 청소하는 것을 원칙으로 하지만, 어렵다면 일주일에 한 번이라도 꼭 닦아야 한다.

1. 냉장고 안에 있는 꽃과 물통을 모두 밖으로 뺀다.
2. 유리와 거울을 유리 전용 세제를 뿌리고 구긴 신문지로 닦는다. 마른 수건으

로 닦으면 먼지가 남고 젖은 수건으로 닦으면 물자국이 남는다.

3. 냉장고 측면과 바닥은 손걸레로 닦는다. 젖은 걸레로 먼저 한번 닦아준 후 마른걸레로 마무리한다.
4. 밖으로 빼놓은 물통을 씻는다. 주방 세제를 전용 수세미에 묻혀 거품 칠을 하고 물로 여러 차례 헹군다.

분기별

커튼

커튼을 떼어 먼지를 떨어내거나 세탁한다. 일조량이나 분위기를 고려하여 바꾸는 것도 방법이다.

4

고객 응대

플라워숍 운영에서 가장 중요한 부분이다. 아무리 좋은 꽃을 선별해 매장에 들여놓아도 고객 응대를 제대로 하지 못하면 상품 제작과 단골 확보 모두 어렵다. 기본 원칙을 상기하면서 고객의 의중을 파악하는 데 집중한다.

원칙

고객이 원하는 상품이되 자신의 마음에도 들어야 한다

플라워숍을 준비하고 또 운영하다보면 자연스럽게 지식과 경험이 쌓이면서 자기만의 색깔이 생기게 되고 자부심도 갖기 마련이다. 그러나 정성을 다해 디자인한 상품도 고객이 만족하지 않을 수 있다. 그러다보면 상처받기도 한다. 플라워숍뿐만 아니라 어떤 장사나 마찬가지지만 모든 고객을 100퍼센트 만족시킬 수는 없다. 일부를 만족시키지 못했다고 해서 의기소침해질 필요는 없다. 다만 상품을 판매할 때 첫번째 전제 조건은 '내가 만족하는 상품'이 먼저가 아니라 '고객이 원하는 상품'이 먼저라는 사실을 잊지 말아야 한다. 고객이 원하는 상품이 파악된 다음에 '내 마음에 들어야 한다'라는 조건이 붙는다. 설령 고객이 괜찮다고 해도 플로리스트로서 무언가 아쉽다고 생각하면 꽃 한 송이 포장도 다시 한다. 자신이 만족해야 고객에게도 팔 수 있다.

밝은 분위기로 맞이하라

자영업자에게 고객을 환대하라는 조언은 너무 당연해서 하나 마나 한 말처럼 느껴지기도 하고, 한편으로는 감정노동으로 인한 스트레스가 쌓일 수 있겠다는 우려도 들 것이다. 그러나 이런 뻔한 말을 하는 이유에는 플라워숍의 특수성이 작용한다. 커피를 마시기 위해 카페를 일상적으로 드나드는 사람들은 많지만, 꽃을 사기 위해 플라워숍을 자주 들르는 사람은 드물다. 생일, 기념일, 졸업식 등 한 해에 몇 차례 없는 이벤트를 위해 플라워숍을 찾는다. 대체로 '좋은 일'을 앞두고 '오랜만에' 혹은 '처음으로' 플라워숍을 방문하는 것이다. 과장된 웃음과 친절을 남발할 필요는 없지만, 고객이 부담스럽지 않은 선에서 밝고 친절한 분위기를 조성하는 것은 중요하다. 고객이 어떤 상품을 찾는지 소통하는 데 도움이 될 뿐만 아니라 좋은 인상을 받은 고객은 단골이 될 가능성이 커진다. 다만 친근한 분위기를 낸다고 상품 주문과 관련 없는 사적인 것을 묻거나 고객에 대해 아는 척을 하는 것은 삼가자.

기다리게 하지 않는다

어떤 용도로 꽃을 찾는지 상담할 때도, 주문을 접수해 상품을 제작할 때도 고객을 기다리게 하지 않는다. 상담할 때는 가르치는 느낌이 아닌 상의하는 느낌으로 고객을 대해야 하지만 이야기가 길어지면 안 된다. 꽃의 조합은 무한대이므로 플로리스트가 먼저 선택지를 주고, 고객이 결정할 수 있도록 한다. 상품을 만들 때는 손이 빨라야 좋다. 꽃은 생물이기 때문에 손의 온기에 영향을 받기 때문이다. 상품 크기에 따라 제작 시간이 달라지지만, 조금 길어진다 싶을 때는 고객에게 카드를 건네 메시지를 쓰도록 제안한다. 그래서 플라워숍 한쪽에 고객이 카드를 쓸 만한 테이블이 있으면 좋다. 또 상품의 크기가 크거나 거주지가 플라워숍과 거리가 멀 때는 배달이 가능하다고 미리 얘기하는 것도 좋다.

고객 맞이 : 어서 오세요.

들어서는 고객과 눈을 마주친 상태에서 '어서 오세요' 하고 인사한다. 이때 고객의 시선을 통해 대략 무엇이 필요한지 짐작할 수 있다. 여기저기 둘러보면 단순히 구경하러 온 사람일 수 있고, 꽃냉장고를 쳐다보면 절화를 사러 온 가능성이 크다.

찾는 상품 확인 : 어떤 것이 필요하세요?

'어떤 것이 필요하세요?' 하고 묻고 '그냥 볼게요'라고 대답하는 고객에게도 한 번 더 '어떤 용도로 필요하신지 보시고 말씀해주세요' 하고 재차 확인한다.

받는 사람의 취향 확인 : 받는 분의 연령대와 성별이 어떻게 되세요?

연령대에 따라 선호하는 꽃과 디자인이 다르다. 대개 젊은 층은 SNS나 미디어를 통해 요즘 트렌드를 쉽게 따라가지만, 중장년층은 익숙한 디자인을 좀더 선호한다.

상품의 용도와 목적 확인 : 오늘 특별한 날이신가요?

전시회, 공연장, 생일 등 장소와 행사에 따라 추천 상품이 달라진다. 예를 들어 출산 축하나 병문안용일 경우 절화 반입이 어려울 수 있으니 고객에게 확인을 요청한다.

예산 확인 : 가격대는 어떻게 맞춰드릴까요?

고객이 예상한 금액이 있다면 절화와 분화의 종류에 따라 형성되는 가격대를 설명한다. 절화, 분화 모두 주로 대·중·소로 나눠 가격대를 어림잡아 안내한다. 꽃의 가격에 관해 부담을 느끼는 고객도 종종 있으므로 최대한 당황스러워 하지 않게 응대한다.

색상 확인 : 컬러는 어떻게 맞춰드릴까요?

어떤 색상을 선호하는지 묻는다. 고객이 선뜻 말하지 못하는 경우를 대비해 상황과 연령에 따라 선호하는 색상을 알아두면 좋다.

상품 크기 확인 : 크기는 어느 정도가 좋으세요?

가격대를 맞춰도 꽃마다 가격이 다르므로 저렴한 상품으로 풍성하게 디자인할지, 비싼 상품으로 풍성하진 않아도 주목도가 높은 상품을 제작할지 결정한다.

취향 확인 : 어떤 스타일을 원하시나요?

제작이 되어 있는 상품이 있으면 실물로, 없으면 평소 SNS에 올려둔 홍보 사진을 예시로 보여준다. 원하는 특정 꽃이 있는지도 물어본다.

마지막 확인 : 이렇게 진행해드릴게요.

고른 꽃을 작업대에 놓고 마지막으로 고객의 의사를 확인한다.

상품 제작 : 금방 해드릴게요 / OO분 후에 완성되는데 괜찮으시겠어요?

꽃다발 제작은 보통 5~10분 정도 걸린다. 급한 고객에게는 미리 시간을 알린다. 대형 상품의 경우 제작 시간을 고지하고 배송을 할 것인지 방문해서 찾아갈 것인지 의사를 묻는다. 매장에서 기다리는 고객에게는 의자를 안내하고 메시지 카드 작성을 권하거나 매장 주변에 볼 만한 것들을 추천한다.

이동 시간과 수단 확인 : 목적지까지 얼마나 걸리고 어떻게 가시나요?

이동 시간에 따라 상품의 물처리 여부를 결정하고, 대중교통 이동 시 포장에 신경 쓴다. 자차를 이용하는 고객은 차가 매장 앞에 있으면 직접 상품을 실어준다. 물이 담긴 상품은 발을 놓는 바닥에 놓아 차량의 흔들림으로 인해 기울어지는 걸 방지한다.

제작 완료 후 설명 : 영양제와 설명서입니다.

상품이 모두 만들어지면 영양제와 설명서를 상품과 함께 건네며 간단하게 관리법을 설명한다.

계산 후 인사 : 감사합니다. 안녕히 가세요.

카드와 현금, 계좌이체 중 어떤 것으로 결제할지 묻고, 결제 내역을 확인한다. 고객을 바라보며 밝게 인사한다.

주문 고객 응대

비대면 상담이므로 너무 길어지지 않도록 간결하게 응대한다. 문자 메시지, 카카오톡, 인스타그램 DM 등 텍스트로만 대화하는 수단은 상담이 늘어지거나 중간에 끊기는 등 원활하지 않을 수 있다. 고객이 전화 통화도 괜찮다고 하면 이름과 연락처를 받은 후 시간을 정해 상담을 진행하는 편을 권한다.

고객 맞이 : 네, 안녕하세요. ○○플라워숍입니다.

전화나 SNS로 연락을 한 고객 대부분이 찾는 상품을 먼저 말하거나 '문의드리려 하는데요'라고 말을 건다. 첫 응대인 만큼 인사와 상호를 먼저 말한 다음 어떤 목적으로 연락했는지 묻고, 요구사항에 대해 대답한다.

원하는 스타일 확인 : 혹시 원하는 스타일의 상품 사진이 있으시면 보내주세요.

실물 상품이 눈앞에 있는 매장과 달리 전화와 SNS로는 실물을 확인할 수 없으므로 원하는 것이 어떤 느낌인지 정확하게 파악하려면 우리 플라워숍의 블로그나 인스타그램에 올려둔 상품 사진을 고객에게 전달하여 그중 확인한다.
간혹 다른 플로리스트의 디자인을 그대로 해달라고 요청하는 경우가 있는데, 이것은 디자인 도용이므로 정중히 거절하는 것이 좋다. 다만 고객이 그 디자인의 부피감, 컬러, 포장 방식 등 어떤 부분에서 좋은 인상을 받은 것인지 확인하여, 자신만의 방식으로 그 부분을 살려서 준비해줄 수 있다.

예산 확인 : 가격대는 어떻게 맞춰드릴까요?

고객이 예상한 금액이 있다면 절화와 분화의 종류에 따라 형성되는 가격대를 설명한다. 절화, 분화 모두 주로 대·중·소로 나눠 가격대를 어림잡아 안내한다.

상품 크기 확인 : 크기는 어느 정도가 좋으세요?

가격대를 맞춰도 꽃마다 가격이 다르므로 저렴한 상품으로 풍성하게 디자인할지, 비싼 상품으로 풍성하진 않아도 주목도가 높은 상품을 제작할지 결정한다.

상품 제작 : 제작에는 00분 또는 00시간이 소요될 예정이에요.

상품이 제작되는 데 필요한 시간을 알린다. 당일 주문이라면 매장에 준비된 꽃으로 만들어야 하므로 고객이 원하는 그대로 제작하기 어려울 수 있다. 이러한 제약을 고객에게 설명하고 괜찮다고 하면 작업한다.

배송 여부 확인 : 저희가 배송해드릴까요? 아니면 직접 방문하셔서 가져가시겠어요?

배송을 선택하면 도착 예정 시간을 미리 전달하고, 방문을 선택하면 수령 가능 시간을 알린다. 배송에 관한 설명은 286~289쪽을 참고한다.

계산 : OO원을 입금해주시면 예약이 확정됩니다.

주문받을 때는 선입금을 원칙으로 한다. 고객에게는 상품 가격을 알린 다음 걸려 온 전화번호 혹은 카카오톡으로 계좌번호와 주문 양식을 보내드리겠다고 안내한다. 플라워숍에서는 입금이 된 후 주문서가 들어오면 예약 주문서와 인수증을 작성하고 날짜에 맞게 제작한다.

제작 완료 후 설명 : 고객님 제품이 모두 완성되었습니다.

상품이 모두 만들어지면 전화나 문자, SNS를 통해 제품 완성을 고지하고 배송 시간이나 수령 시간을 다시 한번 안내한다.

마무리 인사 : 저희 플라워숍을 이용해주셔서 감사합니다.

배송 주문 시 '배송 후 연락드리겠습니다'라는 말을 덧붙인다.

배송 완료 후 고지 : 배송이 완료되었습니다.

수령자 본인이 받았을 경우 '본인이 받으셨습니다'라고 덧붙이고 대리 수령했을 경우 '받는 분이 현재 자리에 계시지 않아 ○○○님께서 대리 수령하셨습니다'라고 덧붙인다. 그리고 '감사합니다'로 마무리한다.

※ 픽업 시 약속한 시간에 맞춰 상품을 미리 담아 준비한다. 배송기사에게 반드시 인수자명을 확인한 후 상품을 전달해달라고 요청해야 배송 사고를 예방하거나 대처할 수 있다.

상황별 대처법

어떤 고객이든 감정적으로 대응하지 말고 침착함을 유지한다. 대화로 해결할 상황이 아니라면 바로 경찰과 주변의 도움을 청한다. 상품과 관련한 문제를 최소화하려면 단순 변심에 의한 환불과 교환은 불가하다는 등의 사후 처리 규정을 정해 제작 전에 고객에게 고지한다.

꽃이 비싸다고 못마땅해하는 경우

철저하게 도매 경매가로 가격을 책정한다는 점을 알려주고 플로리스트로서 좋은 품질의 꽃만 고객에게 제공하기에 그만큼 오래 볼 수 있음을 설명한다. 고객이 지목한 꽃이 있다면 그보다 저렴하면서 비슷한 느낌을 낼 수 있는 다른 꽃을 제안한다. 차후 꽃값이 안정기에 접어들면 더욱더 잘해드리겠다는 말 또한 위로될 수 있다.

상품을 마음에 들어 하지 않는 경우

주문 때 상담이 잘 이루어졌어도 제작한 상품에 대해 불만을 제기하는 고객이 있다. 먼저 그 이유를 조심히 묻고 어떤 부분이 마음에 들지 않는지 경청해야 한다. 정말 마음에 들지 않아서인지, 소위 '진상 고객'인지는 이때 대화를 통해 알 수 있다. 기대했던 바와 크게 달라서 속상해하는 것이라면 다시 제작하거나 환불을 진행하도록 하며, 최선을 다했지만 고객을 만족시켜드리지 못해 죄송하다는 사과 인사를 전한다. 악의적인 컴플레인의 경우 추후 문제 소지가 있으므로 그 고객에게는 아예 상품 판매를 중지하는 편이 좋다.

상품과 관련 없는 말을 계속하는 경우

가끔 상품 구매와 관련 없는 자신의 식물 지식을 늘어놓거나 사적인 질문을 여러 차례 하는 고객이 있다. 그럴 때는 필요한 대답만 하고 대응하지 않는 편이 좋다. 일일이 대응하면 영업에 지장을 받을 뿐만 아니라 같은 상황이 다음에 또 벌어질 수 있다. 또한 역세권이나 번화가에 있는 플라워숍에는 가끔 술에 취해 방문해서 상품을 사가고 다음날 '기억이 안 난다'라며 환불을 요구하는 경우도 있다. 이런 경우 판매 때 환불은 안 된다고 미리 고지하고 증거를 남겨두거나 아예 판매하지 않는 편이 낫다.

무례한 언행을 하는 경우

영업을 하다보면 전혀 예상치 못한 일이 일어날 때가 있다. 다짜고짜 들어와서 추근대거나 고성을 지르고 욕설하는 경우도 있다. 번화가에 매장이 있으면 취객이 들어오기도 한다. 이런 경우 대꾸를 길게 하지 않고 짧고 단호하게 대처하며, 혼자 대처하기 어렵다는 판단이 들면 바로 경찰에 신고한다. 평소 매장에서 가장 가까운 파출소가 어디 있는지 알아두면 더 좋다.

의사 표현을 잘 하지 않는 경우

어떤 상품이 필요한지 제대로 의사를 전달하지 않고 질문에도 '네'로 일관하는 고객이 간혹 있다. 이때 짐작으로 상품을 만들기보다는 최대한 자세하게 질문을 하고 고객이 고를 수 있는 선택지를 주며, '어떠하느냐'고 여러 번 의사를 확인하는 것이 좋다. 별다른 소통 없이 플로리스트가 알아서 만들어준 상품에 고객이 만족한다면 다행이지만, 자기 생각대로 되지 않아 실망하고 인터넷에 플라워숍에 대한 불만 게시글을 올리는 경우도 있다.

무리한 교환·환불을 요구하는 경우

단순 변심으로 인해 더 고가의 상품으로 교환을 요구하거나 지불했던 것보다 높은 금액으로 환불을 요구할 때는 플라워숍 방침상 교환과 환불이 불가하다는 것을 확실하게 전달한다. 필요에 따라서 꽃은 온도와 터치에 민감해서 잠깐 바깥에 나갔다 와도 손상된다는 점을 덧붙인다. 이런 일이 없도록 교환과 환불이 안 된다는 점을 미리 명시해두는 것이 좋으며, 고객에게는 구매한 꽃의 특성과 관리법을 충분히 설명한다. 꽃 관리법 카드를 제작해 상품에 끼워주는 것도 방법이다.

상품 안내가 미흡해 고객이 상품의 교환이나 환불을 요구할 경우

플라워숍에서 상품을 판매할 때 상품의 특징과 관리에 대해 충분하게 설명하지 않은 이유로 고객이 교환이나 환불을 요청할 수도 있다. 예를 들어 튤립은 온도에 매우 민감해서 기온이 따뜻하면 오므리고 있던 꽃봉오리도 30분 만에 활짝 펴진다. 이런 특징을 미리 알리지 않으면 고객 입장에서는 바로 핀 튤립을 보고 꽃의 상품성을 의심할 수 있다. 델피니움은 추위에 무척 약해서 겨울철에 잠깐 밖에 두어도 냉해를 입고 금세 시드는 경우가 많다. 이 역시 미리 설명하지 않으면 실망한 고객이 매장을 다시 찾아 항의할 수 있다. 따라서 온도와 햇빛 등 환경에 민감한 절화를 판매할 때는 꽃의 특징과 함께 보존법에 대해 여러 번 강조해야 하고, 이에 동의를 먼저 얻은 다음에 상품 제작과 판매를 진행해야 한다. 이를 잘 몰랐거나 깜빡했다면 플라워숍에서는 고객이 원하는 대로 상품을 다시 만들거나 환불 조치하고 진정성 있는 사과를 한다.

전화나 온라인 주문에서 착오로 오배송이 되었을 경우

즉시 고객에게 양해를 구하고 잘못 배송된 상품은 수거해오도록 한다. 고객이 원하는 시간 안에 배송이 가능하다면, '환불해드릴 수도 있지만 책임지고 끝까지 배송해보겠다'고 제안한다. 이렇게 하면 고객이 환불을 받을지, 다시 제작한 상품을 받을지 선택할 수 있다. 다시 제작한 상품을 받겠다고 하면, 상품을 수거해오는 동안 새로 만들어 배송한다.

5

고객에게 식물 추천하는 법

어떤 상품을 구매할지 결정해서 오는 고객도 있지만, 그렇지 않은 고객도 상당히 많다. 매장에 있는 상품을 잘 파악하고, 식물과 고객의 성향에 맞춰 좋은 상품을 추천하는 노하우가 필요하다.

개업 선물용

플라워숍을 찾는 많은 이들이 소형 매장의 개업을 축하하기 위한 상품을 찾는다. 소형 매장의 업종과 인테리어 분위기에 따라 상품을 추천하는데, 보통 미니 다육식물, 프리저브드, 드라이플라워, 금전수, 미니 화병과 꽃, 공기정화식물 등을 많이 찾는 편이다.

절화

카페처럼 테이블이 있는 경우 테이블 개수에 맞춰 미니 화병과 절화를 추천한다. 절화 관리가 어렵다고 느끼는 경우 약품 처리를 해서 3년 정도 시들지 않는 프리저브드 플라워를 추천할 수 있다. 단 음식점은 꽃가루가 날리거나 향이 진한 꽃은 추천하지 않는다.

관엽식물

연령대가 높은 고객은 보통 금전수를 제일 선호한다. 그러나 너무 비싸면 구매하지 않기 때문에 금전수 외의 관엽식물을 종류별로 갖추고 화분의 가격을 낮추는 것도 방법이다. 또한 금전수는 뿌리가 예민해서 분갈이를 잘 하지 않고, 건조한 곳에 두면 잘 자라나는 특성이 있다. 3만 원 안쪽으로 구매할 수 있는 한 뼘 크기부터 5~10만 원대까지 화분의 가격에 따라 다양하게 갖추면 좋다.

다육식물

계산대나 컴퓨터 옆에 두는 용으로 많이 찾는다. 미니 다육식물이나 선인장(전자파 차단)을 추천한다.

기타

화장실에 놓는 공기정화식물(습도로 사는 식물)이나 허브, 유칼립투스(드라이플라워)가 많이 나간다. 드라이플라워는 장식용으로 벽에 걸어놓기도 한다.

집들이용

가족 구성원과 분위기, 규모 등을 고려해 상품을 추천한다. 주의해야 할 점은 아이가 있거나 임신 계획 중인 집에는 선인장을 추천하지 않고, 고양이가 있는 집은 고양이에게 치명적인 독성을 가지고 있는 백합, 튤립, 히아신스, 붓꽃 등을 피한다. 그 외에도 알레르기를 일으키거나 독성이 있는 식물이 많으므로 식물을 받는 사람을 미리 파악해 주의한다.

테이블에 올릴 절화

테이블에 올려둘 수 있는 센터피스 또는 화병과 절화를 추천한다. 아예 꽃을 꽂아둔 화병을 판매하기도 한다. 화병과 함께 꽃다발도 추천한다.

벽 장식을 위한 프리저브드 플라워

프리저브드 플라워를 압화 형식으로 만든 프리저브드 플라워 액자나 리스를 추천한다. 리스는 처음과 끝의 구분이 없어서 영원하다는 의미를 지닌다. 또한 계절별로 리스 스타일이 다른데, 봄과 여름에는 플로럴 폼에 그린 소재를 빽빽하게 채워넣고, 가을에는 드라이플라워로, 겨울에는 조화 또는 절엽으로 만든다. 생화로 제작할 때는 잘 마르는 소재를 위주로 만들어야 한다.

침실에 두는 구근식물이나 수경식물

자연 가습 효과가 있는 것을 추천한다. 구근식물, 부레옥잠, 개구리밥, 히아신스, 수선화 등 물에 꽂아놓고 키울 수 있는 식물이 좋다. 스투키와 같은 음이온이 나오는 공기정화식물도 괜찮다.

인테리어를 위한 관엽식물

분화는 거실이나 베란다에 놓아 인테리어 효과를 줄 수 있다. 최근에는 몬스테라가 큰 인기를 얻고 있다. 예전에 비해 새로 나오는 식물들이 워낙 많아서 유행도 빨리 바뀌는 편이다. 오랫동안 금전수, 산세비에리아, 녹보수, 해피트리, 고무나무, 페페 등이 인기를 끌었는데 요즘은 피닉스야자, 황칠나무, 피시본, 하트폰고사리, 고멜디, 에버진, 고사리, 노빌리스, 필레아페페 등 굉장히 다양한 종류의 분화가 나간다.

전시회용

서울 홍대나 대학로, 코엑스, 강남, 인사동, 경기 일산 등 주변에 전시장이 있는 플라워숍이라면 전시회에 판매할 상품을 항상 준비해야 한다. 주말 전시회일 경우, 최소 금요일에는 꽃시장을 다녀와야 토요일 오전부터 주문받을 수 있다.

꽃다발보다 꽃바구니

전시회장에는 꽃바구니나 센터피스, 화병 꽂이를 주로 추천한다. 수분 공급이 어렵고 세워둘 수 없는 꽃다발은 추천하지 않는다. 전시회의 작품, 포스터 등을 보고 분위기와 디자인을 맞춰주거나 연령대와 성별을 고려하면 고객의 만족도가 높아진다. 반면에 연주회나 공연장은 상대에게 안겨주고 사진을 찍을 수 있는 꽃다발이 가장 좋다.

화려한 서양란

영양분과 물이 많이 필요하지 않은 서양란과 식물이 좋다. 또한 사진으로 찍었을 때 색감이 잘 나올 수 있는 화려한 상품을 추천한다.

기념일용

계절 꽃을 이용한 꽃다발이 가장 좋다. 반지 사이즈를 미리 알고 반지를 사듯이 꽃을 받는 사람의 선호하는 색상이나 취향만 알아도 상담할 때 훨씬 수월하다.

기본은 꽃다발

안겨줄 수 있는 꽃다발 형태가 가장 좋다. 평소에 무슨 꽃을 선물했는지, 받을 사람이 좋아하는 꽃이 있는지 상담 진행 후 추천한다. 유행에 민감한 편이라면 소재로만 이루어진 꽃다발을 추천하면 좋다. 연세가 많은 분의 잔치에는 꽃다발보다 꽃바구니나 센터피스 등 테이블 위에 둘 수 있는 것이 좋다. 메시지 카드도 크게 제작해 넣는다.

분화가 필요하다면 화려한 서양란

분화는 기념일용으로 추천하지 않는 편이다. 고객이 특정 분화에 특별한 의미가 있다고 할 때만 간혹 나간다. 단 연령대가 높은 분의 생일이나 기념일에는 받는 이가 평소 좋아하는 식물이나 화려한 서양란을 추천하기도 한다.

상시 구비용

1만 원 미만인 드라이플라워나 한 송이 포장은 사람들이 지나가면서 바로 살 수 있게 미리 만들어두면 좋다. 가격도 잘 보이도록 써놓는다. 분화로는 작은 다육식물, 선인장, 스투키 등을 잘 보이는 곳에 진열해둔다.

6

배송 관리

배송 주문을 한 고객에게는 상품 제작 시간과 배송업체 픽업 시간, 배송 완료 예정 시간을 미리 전달한다. 배송이 원활하게 진행되려면 잘 맞는 배송업체를 찾는 것이 중요하다.

주문 고객 응대

제작 시간 고지 : 주문하신 상품 제작은 00분 또는 00시간이 소요될 예정이에요.
당일 주문이라면 매장에 준비된 꽃으로 만들어야 해서 고객이 원하는 상품을 제작하기 어려울 수 있다. 이러한 제약을 고객에게 설명하고 괜찮다고 하면 작업한다.

배송 여부 확인 : 저희가 배송해드릴까요? 아니면 직접 방문하셔서 가져가시겠어요?
배송을 선택하면 배송업체 픽업 시간과 도착 예정 시간을 미리 전달하고, 방문을 선택하면 수령 가능 시간을 알린다.

배송지 주소 확인 : 배송지 주소와 받으시는 분 연락처 알려주시겠어요?
배송지 주소는 정확해야 하므로 가능한 문자나 SNS로 받도록 한다. 수령인의 연락처도 함께 받는다.

배송 시간 고지 : 배송은 상품 제작 후 약 00시에 출발해 00시에 도착할 예정입니다.
도착 예정 시간을 고지하고 기상 상황이나 교통 상황에 따라 예정보다 1시간 정도 늦거나 이르게 도착할 수 있음을 사전에 얘기한다.

배송 완료 고지 : 고객님이 주문하신 상품이 ○○○님께 전달되었습니다.

배송업체로부터 배송이 완료되었음을 확인하고, 주문자에게 수령인(대리 수령의 경우 수령인과의 관계를 포함)의 이름이 적힌 배송 완료 메시지를 보낸다.

마무리 인사 : 저희 플라워숍을 이용해주셔서 감사합니다.

감사 인사 후 '다음에 찾아주시면 더 좋은 서비스로 보답하겠습니다' '다음 주문 시 00퍼센트 할인 혜택을 드립니다' 등을 덧붙여 다음을 기약한다.

Tip

오전 배송 건은 전날 저녁에, 오후 배송 건은 가능한 오전 일찍 배송업체에 예약한다. 또한 배송이 완료되면 배송업체로부터 수령인 이름을 전달받아 배송 완료 메시지를 주문자에게 보낸다. 처음에는 여러 배송업체를 이용해 보고, 맞는 업체를 찾아 신뢰를 쌓아가는 것이 중요하다.

사고 예방과 처리

예방

플라워숍 상품은 대부분 절화, 분화 등 식물이기 때문에 오랫동안 상온에 노출되거나 배송 시 움직임이 많으면 쉽게 손상될 수 있다. 그래서 무조건 픽업 후 바로 배송하는 업체를 선정해야 한다. 한 차에 여러 물건을 싣고 배송하는 업체는 비교적 저렴할 수 있으나 손님과의 배송 시간을 맞출 수 없을뿐더러 도착 예정 시간보다 너무 일찍 도착하거나 지체될 수 있다. 다른 물품과 헷갈려 오배송되는 경우도 가끔 발생한다. 그러므로 '바로픽업' '바로배송'을 원칙으로 하는 배송업체를 선정하는 것이 오배송과 누락을 예방하는 가장 좋은 방법이다. 배송업체를 선정할 때는 업체에서 배송기사에게 배송 교육을 하는지, 어떤 체계로 움직이는지 홈페이지의 소개와 배송공고 등을 통해 살펴야 한다. 업체 선정 때는 오배송, 누락, 파손, 분실 등 배송 중에 일어날 수 있는 문제에 대한 손해 배상 책임을 확실하게 해둔다. 배송 전 배송기사에게 수령인을 꼭 확인해달라고 한다. 수령인 본인 수령이 아닌 경우 누가 대신 수령했는지 이름과 수령인과의 관계를 알아야 추후 배송 문제가 발생하면 원활하게 해결할 수 있다. 주문자에게도 그대로 안내한다.

돈꽃다발, 돈꽃바구니 등과 같이 현금이나 고가의 물품이 꽃과 함께 배송되는 경우는 외부에서 상품이 보이지 않도록 포장하고 고객의 직접 수령을 원칙으로 한다. 부득이하게 배송해야 하면 플라워숍에서 직접 배달하는 편을 택한다.

처리

최대한 예방을 했음에도 배송 사고가 일어난다면 플라워숍 사장으로선 당황스럽고 억울하겠지만, 고객 관점에서 이에 대한 책임은 모두 플라워숍에 있다. 상품이 파손되었다는 연락이 오면 가장 먼저 할 일은 동일 상품이 현재 매장에 있는지, 대체 상품을 고객이 용인할 수 있는 시간까지 배송할 수 있는지를 확인하는 것이다. 대체 상품 배송이 가능하다면 고객에게 먼저 사과를 한 후 경위를 설명하고 양해를 구해 최대한 빨리 재배송한다. 파손된 상품은 반드시 회수하자.

수단별 특징

오토바이 배송

오토바이 꽃 배송은 기사들이 파손 위험과 운송의 편리성 때문에 상자 상품만 취급한다. 따라서 상자 포장 가능 여부와 흔들려도 괜찮은 상품인지를 따져 이용하는 것이 좋다. 또 다른 배송 수단에 비해 비교적 비싼 편이다.

다마스 배송

작지만 사람이 들기에는 버겁거나 중간 크기의 화분, 꽃바구니, 꽃 이외의 다른 선물(예: 케이크) 등 오토바이나 지하철 택배로 보낼 수 없는 상품은 다마스 배송을 이용한다. 오토바이 배송보다는 배송비가 비싸며 차가 막힐 수 있어 빠른 배송이 어렵다.

지하철 택배

무거운 상품을 맡기기 어렵고, 꽃다발, 작은 꽃바구니, 센터피스, 미니 화분 등 비교적 가벼운 상품을 주로 맡긴다. 대중교통을 이용하다보니 상품이 망가질 우려가 있으나, 차가 막혀 늦어질 일이 없어 빠르다는 장점이 있다.

탑차

주로 화환을 싣는다. 가장 손쉽고 안전하게 이용할 수 있다. 단점은 비싸고 시간 여유가 있어야 한다. 동선에 따라 배달하기 때문에 한 건만 배송하기는 어렵고, 물건의 무게보다는 물건의 개수에 따라 돈을 받는 편이다.

도보 또는 자차 배달

배송지가 플라워숍 주변이라면 무료 배송을 할 수도 있다. 이때는 마진을 고려해 상품 가격에 따른 조건을 붙인다(예: 매장에서 1km 이내 7만 원 이상 무료 배송).

7

홍보와 부가 서비스 운영

입지가 아무리 좋아도, 플로리스트의 실력이 아무리 뛰어나도 홍보 없이는 고객을 모으고 소통하는 데 한계가 있다. 즉흥적으로 '여기에서 살까' 하고 들어오는 고객, 가까운 플라워숍을 기억하고 찾는 고객은 많지 않다. 인스타그램, 블로그 등을 검색해 플라워숍을 찾고 원하는 상품 스타일을 추려 주문을 결정하는 고객이 점점 더 늘고 있다.

원칙

식물을 즐기는 문화를 브랜딩한다

기념일에만 꽃을 사던 우리나라의 꽃 문화가 일상에서도 꽃을 즐기는 문화로 확장되고 있다. 집이나 사무실에서도 테이블마다 꽃을 두는 문화, 플랜테리어라 부르는 식물을 활용한 인테리어 시장 활성화 등을 예로 들 수 있다. 이러한 배경으로 플라워숍 규모가 크든 작든 '우리 플라워숍은 특별한 날이 아니어도 당신이 구매할 가치의 꽃과 식물을 갖추고 있다'라는 메시지를 고객들에게 전하는 매장들이 늘고 있다. 즉 단순히 꽃과 화분을 팔기보다 일상에서 쉽게 구매하고 즐기는 문화를 브랜딩해야 한다.

주력 상품을 내세운다

시즌마다 내세우는 꽃들은 다르지만 우리 플라워숍을 대표하는 주력 상품 혹은 서비스를 연중 홍보할 필요가 있다. 다른 매장과 차별화된 전문성을 살리는 동시에 매장을 각인시킬 수 있는 가장 효과적인 방법이다. 유명한 빵집들도 저마다 대표 빵이 있는 것처럼 플라워숍도 마찬가지다. 단순히 꽃다발이 유명한 집이 아니라 프러포즈 꽃다발이 특별한 집이라거나 1인 가구가 들여놓을 만한 작은 크기의 '반려식물'을 합리적인 가격으로 판매하는 곳이라거나 하는 식이다.

SNS 마케팅을 통해 적극적으로 소통한다

플라워숍 운영에 SNS를 통한 홍보는 필수적이다. 홍보뿐만 아니라 주문, 제작 과정에서 고객과 소통을 위해 필요하다. 요즘은 많은 사람이 인스타그램이나 블로그를 통한 주문과 소통을 더 편하게 여기기도 한다. 인스타그램과 블로그는 서로 연동해 함께 운영하기를 추천한다. 거의 모든 스마트폰 이용자들이 사용하는 카카오톡 채널 개설도 필수다.

SNS 활용하기

대부분의 고객이 특별한 날을 기념해 꽃을 사기 때문에 상품의 종류와 디자인, 가격을 사전에 꼼꼼히 알아보는 경우가 많아서 SNS는 일종의 메뉴판 역할을 한다. 코로나19 사태 이후 비대면 방식의 주문이 보편화되면서 SNS의 영향력은 더욱 커졌다.

인스타그램

사진과 영상이 주된 플랫폼이기 때문에 상품 사진을 자주 올려 플라워숍을 홍보할 수 있다. 해시태그를 통한 검색으로 불특정 다수의 접근이 편리하고 유행을 좇는 흐름이 다른 SNS보다 빠르다는 특징이 있다. 플라워숍 운영을 한다면 첫번째로 계정을 만들어야 할 SNS다. 상품을 제작한 후에는 사진이나 동영상을 찍어 인스타그램에 바로바로 업로드한다. 시선을 끌어야 하므로 조명과 각도를 신경 써서 촬영한다. 플라워숍 한쪽에 따로 포토존을 마련해두는 것도 좋다.

네이버 블로그

네이버 블로그는 인스타그램보다 더 많은 글과 사진을 담을 수 있어 상품에 대해 상세하게 설명하기 좋다. 보통 인스타그램에서 사진을 보고 더 자세한 정보를 얻고 싶은 사람들이 블로그로 유입된다. 즉 인스타그램의 보조적인 역할을 하므로 인스타그램 피드에 블로그 링크를 기재해둔다.

카카오톡 채널

카카오톡에 채널을 만들어 플라워숍의 이용 정보를 기본적으로 볼 수 있게 하고 상담 시간을 설정해 응대하는 서비스를 할 수 있다. 이를 통해 시즌 상품 알림이나 계절 꽃 정보, 주문 상담과 배송 관리를 쉽게 할 수 있다.

스마트 스토어

요즘은 '스마트 스토어'라 해서 온라인으로 꽃을 판매하는 업소가 점차 늘고 있지만 이미 오프라인 매장을 운영하는 상황에서는 권하지 않는다. 플로리스트가 고객 맞춤으로 상품을 다양한 조합으로 제작하기 어렵고, 가격 변동이 잦은 꽃의 특성상 단가를 맞추기도 쉽지 않다. 또 원거리 택배 배송은 원예 상품의 품질을 보장하기 쉽지 않다.

그래도 스마트 스토어를 운영하고 싶은 1인 플라워숍 운영자라면, 드라이플라워나 프리저브드 플라워 등 시들지 않는 반영구 상품이나 원예 부자재 판매 쪽으로 고려해보길 추천한다. 스마트 스토어를 운영하려면 전자상거래를 업종으로 한 사업자등록증을 국세청에서 발급받은 후 네이버 스마트 스토어 센터에서 스마트 스토어에 가입한 다음, 구매 안전서비스 확인증과 통신판매신고증을 발급받아야 한다.

부가 서비스

꽃 구독 서비스

적게는 5회, 많게는 20회 이상, 일정한 주기로 꽃을 배송하는 서비스다. 이 서비스는 주로 꽃을 생산하는 화훼단지(농장), 규모가 큰 플라워숍에서 온라인 주문 방식으로 한다. 꽃 구독 서비스는 소위 박리다매로 저렴한 가격에 꽃을 선별해 여러 사람에게 배송하는 시스템이라 1인 플라워숍에서는 단가를 맞추기 쉽지 않기 때문이다. 또 꽃이 온도에 민감하다보니 한여름이나 한겨울에는 배송 중에 꽃이 쉽게 상할 수도 있다. 이를 막기 위해선 부자재 값이 필연적으로 더 들 수밖에 없다. 같은 품종과 디자인의 상품을 배송하기 때문에 고객의 만족도가 제각각이라 불만이나 항의도 쉽게 생길 수 있다. 따라서 1인 플라워숍에서 이 서비스를 운영하고 싶다면 매장이 주택가에 위치하고, 고객이 주로 동네 주민들이며, 직접 배송할 여력이 될 때 추천한다.

사무실 정기 배송 및 관리 서비스

크게 보면 꽃 구독 서비스에 포함되는 서비스로 사무실에 특화된 서비스다. 사무실이나 식당, 카페 등에 꽃을 정기적으로 배송하고 나아가 꽃 장식과 식물 관리 서비스를 제공한다. 다달이 선입금을 원칙으로 하며 예산에 맞춰 월별, 계절별, 특별기념일 기간 등 콘셉트에 따라 절화와 분화를 적절히 배치하고 시든 화분 교체, 물 관리 등 간단한 관리를 담당한다.

원데이 클래스

규모가 작은 플라워숍은 영업을 잠시 멈추고 수업해야 해서 이에 따른 지출과 수입을 고려해야 한다. 그래서 한두 명으로 수업하긴 어렵고 이윤이 남는 최소 인원이 모이면 수업한다. 보통 네 명 이상이 좋다. 사실 원데이 클래스는 말 그대로 일회성인 1~2시간 수업이기 때문에 깊이 있는 꽃 강의는 어렵다. 그래서 주기적으로 하기보다는 비수기 때, 특히 가정의 달 직후인 6월이나 크리스마스 시즌을 앞둔 11월에 이벤트성으로 진행하는 것을 추천한다. 꽃을 한 번도 다루어본 적 없는 고객을 대상으로 한다면 한 송이 포장, 미니 꽃다발, 가벼운 꽃꽂이 정도를 한다. 장기적으로 할 수 있는 여건이 된다면 최소 4회 이상의 커리큘럼을 짜서 매주 1회 네 명 이상의 인원으로 수업을 개설하는 것도 괜찮다. 그래야 이론과 실기를 두루 경험할 수 있는 수업이 가능하다.

스탬프·적립금 서비스

단골 확보를 위해 고객에게 플라워숍 명함을 주고 상품 구매 때마다 명함 뒤에 스탬프를 찍는다. 정해진 수만큼 스탬프를 찍으면 할인을 해주는 서비스다. 가령 3만 원 이상 상품을 구매하면 스탬프를 찍어주고, 스탬프를 모두 찍으면 다음 상품을 구매할 때 1만 원을 할인해주는 것이다. 재량에 따라 기간 제한이 없고 타인에게 양도할 수 있게 하는 등 서비스 혜택의 폭을 넓혀도 좋다.

8

장부 관리

상품을 잘 만들어서 합리적인 가격에 팔았다면, 수익이 발생한 것일까? 고객이 많다면 제대로 운영이 되고 있는 것일까?
플라워숍도 다른 업종과 마찬가지로 장부 관리가 중요하다. 업종의 특성상 자동화가 어려워 한번 놓치면 제대로 파악하기 어려운 상황에 이를 수 있다.

원칙

매출이 일어날 때마다 작성한다

일단 대부분의 플라워숍은 포스기를 쓰지 않아 마감 때 한꺼번에 자동으로 매출 정산을 할 수 없다. 포스기를 쓰지 않는 것은 꽃의 가격과 수량의 단위가 다양하고 시가 변동이 잦은 특성 때문이다. 물론 최근에는 핸드폰, 태블릿 등과 연동해 전보다 편리하게 이용할 수 있는 포스기가 많이 등장했다. 그러나 특정 상품을 주로 판매하는 매장이 아닌 이상 매번 변경되는 가격과 수많은 절화, 분화 상품을 업데이트하는 번거로움은 여전하다.
그래서 주로 카드단말기와 현금, 계좌이체로 거래하는데, 매출이 일어날 때마다 기록해야 나중에 헷갈리지 않는다. 카드단말기는 매장용과 고객용으로 카드 전표 두 장이 한꺼번에 나오는 기기, 고객이 원하는 경우 영수증을 출력 선택할 수 있는 기기가 있다. 두 장의 카드 전표가 나오는 기기를 이용할 경우 나중에 헷갈릴 수 있으므로 고객 전표를 바로 폐기한다. 물론 카드단말기도 오늘 매출 출력이나 현재 매출 출력을 눌러 확인할 수 있으나 판매한 상품별이 아니라 카드사나 금액별 내역만 나오기 때문에 어떤 상품을 어떻게 판매했는지는 꼭 메모해야 한다.

한 달에 한 번 총매출과 지출을 체크한다

아직 대부분의 플라워숍이 수기로 장부를 작성한다. 노트북이나 태블릿을 이용해 엑셀 파일로 정리하면 더욱 좋겠지만 매장에서 꽃을 계속 만지고 고객을 대응하다보면 펜으로 장부를 기록하는 편이 더 빠르고 편하다. 품목, 현금, 카드, 지출, 외상, 비고 등이 적힌 일별 매출 현황표를 만들어 써넣는다. 한 달에 한 번씩 매출을 얼마나 냈는지 확인하고, 지출 금액과 매출을 비교해 마진이 얼마나 남는지 체크한다. 또한 지난달 매출과 비교해 다음 달 목표와 계획을 잡는다. 문을 연 지 1년이 지난 시점이라면 지난해 같은 달의 내역과 비교해 물가 흐름을 파악한다.

장부를 통해 돈의 흐름과 과다 지출을 파악한다

장부는 세무 관리를 위해서 당연히 필요하다. 면세사업자가 큰 비중을 차지하는 플라워숍 운영자들은 상대적으로 장부를 소홀하게 하는 경우도 있지만, 어떤 사업자 형태든 운영자로서 장부는 매출을 관리하는 데 큰 도움이 된다. 장부를 통해 과다 지출은 없었는지, 잘 나가는 품목과 재고 품목은 무엇인지 살핀다. 매달 매출이 일정하지 않은 플라워숍 특성상 장부를 통한 재정 관리는 무척 중요하다. 장부 기록은 사장이 플라워숍에 상주한다는 원칙을 전제로 직원에게 맡기지 않고 사장이 혼자 하는 것이 좋다.

매일 할 일

일별 매출 현황표 작성

시재, 사용 내용, 매출 내용을 정리한다. 인수증, 현금과 입출금 계좌, 카드 전표로 확인한다(312쪽 참고).

파트타이머 근태기록부 작성

플라워숍은 5월 성수기와 2월 졸업식 시즌에 한시적으로 파트타이머를 고용하는 경우가 대다수다. 그래서 파트타이머 근태기록부는 해당 기간에만 작성하는데 시간별로 임금을 지급하므로 반드시 당사자와 확인해야 한다(310쪽 참고).

매달 할 일

계산서 발행

사업자가 소득세 부담을 덜려면 기본적으로 적격증빙을 수취하고 지출한 비용 관련 자료를 잘 모아두어야 한다. 적격증빙이란 확실하고 정확한 증빙자료라는 뜻으로 다른 사업자에게 재화나 용역을 공급받고 대가를 지급할 때 받는 세금계산서, 계산서, 현금영수증, 카드영수증 등의 증빙서류를 뜻한다. 거래명세표는 적격증빙에 해당하지 않으므로 거래처에서 반드시 월, 연 단위로 계산서를 발행받아야 한다.

플라워숍 운영자는 보통 면세사업자이기 때문에 세금계산서 발행은 불가능하고 계산서나 부가세를 별도로 표시하지 않은 현금영수증, 신용카드전표 등을 발급받을 수 있다. 따라서 플라워숍 운영자가 매달 해야 할 일은 거래처별 거래명세를 확인하고 영수증을 분류해 계산서를 발행받는 것이다. 업체마다 사업자 형태가 달라서 월 발행하는지 연간 발행하는지 물어봐야 한다. 모은 영수증은 월마다 혹은 연말에 직접 가져다주기도 하고 카카오톡으로 보내기도 한다. 발행 계산서는 이메일로 받을 수 있고 홈택스에 바로 등록된다. 반대로 계산서를 발행해줄 때는 매달 말일에 지난 한 달간 주문내용을 확인하고 업체 형태에 맞춰 계산서를 발행한다.

플라워숍 사업자 형태(면세, 간이과세, 일반과세, 겸업 사업자)에 따라 매입계산서 처리가 다르니 주의한다. 면세사업자라면 매출에 따라 월, 연 계산서 처리가 가능하지만, 일반과세사업자라면 무조건 월 처리를 해야 한다.

월별 결산

일별 매출 현황표를 토대로 월별 결산을 한다. 월 지출과 매출을 정리해 전월과 비교하고 다음 달을 계획 한다.

종합소득세와 원천세 납부

종합소득이란 사업소득을 비롯해 이자배당소득, 근로소득, 연금소득, 기타소득을 모두 포함한 소득이다. 매년 5월 한 달간 전년도 종합소득에 대한 세금을 신고·납부한다.

카페나 강의를 겸하지 않고 프리저브드 플라워나 조화 등의 상품 판매를 하지 않는 대부분의 플라워숍은 면세사업자로 신고한다. 그래서 부가가치세의 납부 의무가 없으며, 이 경우 종합소득세만 신고하면 된다. 매출, 비용과 관련된 증빙서류를 한 곳에 잘 모아두고 신고할 때 누락 없이 제출해야 한다. 국세청 홈택스 홈페이지에서 종합소득세 신고 제출 완료 후 증빙서류를 PDF로 변경해 업로드할 수 있다. 덧붙여 직원을 고용하고 있다면 급여 신고를 하고 원천세를 내야 한다. 급여 신고를 하지 않으면 비용으로 인정받지 못하거나 인정받아도 가산세가 부과된다.

부가가치세 신고 납부

부가가치세란 상품의 거래나 서비스의 제공 과정에서 얻어지는 부가가치에 대해 과세하는 세금이다. 부가가치세는 물건값에 포함되어 있으므로 실제로는 최종소비자가 부담하는 것이고, 사업자는 대리 납부하는 것이다. 플라워숍에서 카페나 강의를 겸하거나 프리저브드 플라워나 조화 등의 상품을 판매한다면 과세사업자로 신고해야 한다. 이때 연 매출 8,000만 원 이상을 예상하면 일반과세자로 신고하고 8,000만 원 미만을 예상하면 간이과세자로 신고하면 된다. 간이과세자로 운영하다가 연 매출 8,000만 원이 넘게 되면 일반과세자로 자동 변경되므로 판단이 어렵다면 처음에는 간이과세자로 신고해도 된다. 간이과세자는 세금계산서 발행 의무가 없고, 부가가치세 신고·납부는 1년에 한 번, 일반과세자는 세금계산서 발행 의무가 있고 1년에 두 번 부가가치세 신고·납부를 한다.

바람직한 지출 구성

플라워숍 운영 초기에는 매출이 안정적이지 않고 투자 대비 이익도 적을 가능성이 크다. 여러 번 강조했듯 플라워숍은 문을 연 후 1년은 높은 수익을 바라기 어렵다. 이 기간에는 플라워숍의 전반적인 운영 흐름을 익히고 다음 해를 준비해야 한다. 그렇다고 지출 관리를 소홀하게 여기라는 의미가 아니다. 그다음 1년을 위한 재정적 토대를 구축해야 한다. 매달 지출과 수입을 꼼꼼하게 기록·관리해 성수기와 비수기 때의 재정 상황이 어떤지 파악하고 판매 추이를 통해 시기별로 주력해야 할 품목을 알아두는 것이다. 가장 큰 지출인 임대료를 기준으로 임대료 대비 매출액이 최소 6배 이상 나는지, 인건비 대비 매출액이 최소 4배 이상 나는지 등을 따져보는 자영업자가 많다. 그러나 이러한 기준은 입지에 따라, 또 직원 채용 여부에 따라 달라질 수 있어서 고정된 수치에 너무 집착할 필요는 없다. 그러나 지출 중 비중이 큰 요소들, 즉 임대료와 사입비 등을 따졌을 때 하루 매출이 어느 정도 나야 기대하는 월 수익을 가져갈 수 있을지 스스로 그 기준을 세워야 한다.

9
직원 관리

이 책에서는 작은 규모의 플라워숍을 혼자 운영하는 것을 기본으로 하고 있지만, 특별한 시즌이나 운영방식에 따라 직원이 필요한 경우가 있다. 초보 사장의 경우 어떤 원칙을 가지고 직원을 대해야 할지 몰라 필요한 순간에 직원이 없어 난처한 상황을 겪기도 한다.

원칙

사장이 본보기가 되어야 한다

직원은 사장 일을 대신 해주는 사람이 아니라 함께 일하는 파트너다. 즉 업무 대부분을 지시하거나 책임을 전가하는 행동을 해선 안 된다. 특히 경력이 없거나 짧은 직원에게는 사장이 작은 일부터 솔선수범해 몸소 보여줘야 한다. 플라워숍의 대부분 업무가 지시만으로 알기 어렵고 기술과 요령이 필요한 일들이 많아서 직원이 직접 보고 배울 기회를 줘야 한다.

실수가 배움이 되도록 한다

일을 하다보면 누구나 실수를 할 수 있다. 물론 여러 번 반복되면 문제가 된다. 그러나 경험이 부족해서 일어나는 실수, 예상치 못한 고객의 컴플레인 등은 감정적으로 지적하지 않는다. 다만 실수를 반복했을 때 앞으로 일어날 수 있는 일들을 짚어주고, 같은 일이 재발하지 않도록 무엇을 신경 써야 하는지 알려주며 격려한다.

비전을 보여준다

단순히 돈만 벌기 위해 플라워숍 일을 하는 사람은 드물다. 식물에 관심이 있어서 플라워숍 문을 두드렸을 가능성이 크다. 직원을 뽑을 때 '꽃을 돈으로 보지 않는 태도'를 전제 조건으로 보는 이유다. 그러려면 꽃을 다루고 플라워숍을 운영하는 일이 단순 반복 노동이 아니라 앞으로 더 성장할 수 있는, 비전이 있는 일임을 몸소 보여주는 것이 중요하다. 일에 대한 의욕이 없으면 능률이 떨어지는 것은 당연하다. 다양한 경험을 할 수 있도록 기회를 주고, 부족한 부분은 나무라지 않고 교육한다는 마음가짐을 가져야 한다.

채용 방법

계획

매출 대비 인건비는 30퍼센트로 상정하고 채용 계획을 세운다. 인건비를 줄이려면 점주가 직접 그만큼 일을 하는 수밖에 없다. 6~10평의 플라워숍은 대체로 혼자 운영이 가능하지만, 개업 직후나 성수기에는 손이 부족할 수 있다. 이때는 꽃을 컨디셔닝 하고 상품을 제작할 수 있으며 고객 응대할 수 있는 파트타임 직원을 뽑는다. 점차 손님이 늘고 매출이 안정적으로 상승한 경우, 클래스를 진행하거나 각종 서비스를 확장하는 경우 정규직원 한두 명을 고용하는 것이 좋다.

조건

정규직원은 플라워숍 전체적인 운영을 담당한다. 사장이 자리를 비우더라도 플라워숍 업무를 원활히 할 수 있는 운영 능력 혹은 잠재력을 갖춰야 한다. 이는 상품 관리 및 제작뿐만 아니라 물건 매입과 수주·발주, 회계·전산 업무를 비롯해 홍보까지 포괄적으로 해당한다. 반면 파트타임 직원은 간단한 상품 제작 및 고객 응대, 청소 등 비교적 간단하고 단순한 업무를 수행한다.

기준

1차 서류는 이력서, 자기소개서 외에 포트폴리오가 중요한 역할을 한다. 지원자 포트폴리오 분위기와 플라워숍의 성향이 비슷한지 확인한다. 포트폴리오

속 상품이 예쁘면 좋지만 단순히 예쁘기만 하면 안 된다. 이력과 포트폴리오 속 상품의 수준이 맞는지, 실무에서 어려움 없이 소화할 수 있는 상품들인지 체크하고 상품들의 전체적인 결을 살핀다.
2차 면접 시에는 고객 응대에 적절한 지원자인지 대화를 통해 분별하고 간단한 실기 테스트를 진행한다. 주로 우리 가게에서 많이 판매되는 상품 중 한두 개를 제작하게 하고 고객의 관점에서 관찰한다. 무엇보다 꽃을 아낄 줄 알며 기본적으로 식물을 정말 좋아해서 진심으로 관리할 수 있는 자세가 갖춰져 있어야만 한다.

채용 공고

대기업 내 플라워숍이나 유명 호텔의 플로리스트 채용은 구인·구직 포털사이트에서도 볼 수 있지만, 개인이 운영하는 플라워숍의 채용 공고와 구직 활동은 주로 다음 카페인 꽃사랑(cafe.daum.net/leeflower)에서 이루어진다.

규정

근로계약서 작성이 필수다. 이는 근로자와 사업자 모두의 권리 보호를 위해 필요하다. 근로계약서를 서면으로만 체결하고 이를 교부하지 않으면 500만 원 이하의 벌금이 부과될 수 있으며, 기간제 단시간 근로자의 경우 500만 원 이하의 과태료 처분을 받는다. 근로계약서에는 임금, 근로시간, 휴일, 연차, 유급휴가 등의 내용을 명시해야 한다. 고용노동부에서 배포하는 표준근로계약서를 참고하면 쉽게 작성할 수 있다.

변경된 최저시급을 반드시 확인해 적용하도록 하며, 최대 수습 기간은 3개월이다. 이때 최저임금의 90퍼센트 이상을 지급해야 한다. 매주 15시간(월 60시간) 이상 근무하는 근로자는 의무적으로 4대 보험에 가입해야 하고, 15시간 미만의 초단기간 근로자는 산재보험은 의무가입 대상이지만, 건강보험과 국민연금은 가입 대상이 아니다. 단 고용보험의 경우 근로를 3개월 이상 하면 가입되어야 한다.

근로자를 채용한다면 4대 보험 사업장으로 신고해야 한다. 국민건강보험공단에 사업자등록증 사본, 법인 등기부등본, 신고서 등을 제출해 가입한다. 이후 4대 보험 취득 신고는 근로자 채용 때마다 하면 된다. 신고 기한은 건강보험은 입사 후 14일 이내, 국민연금, 고용보험, 산재보험은 입사 월 다음 달인 15일까지 한다. 4대 보험료는 급여에 비례하기 때문에 급여가 변동되었을 시 보수월액변경 신고를 해야 한다.

교육 방법

매뉴얼을 만든다

규정을 정하고 매뉴얼로 만들어 가르치는 것이 좋다. 하루 일과와 업무 우선순위, 꽃 구매와 상품 제작, 고객 응대와 배송 처리 같은 일련의 과정을 리스트로 만들어 전달한다. 각 분야별로 특히 신경 써야 할 부분을 꼽아서 강조한다. 이러한 매뉴얼은 직원 없이 혼자 운영하더라도 오픈 전에 한번 정리해두는 편이 좋다. 정작 플라워숍 오픈을 하고 나서 중요한 일과를 깜빡 잊거나 바쁜 와중에 실수하는 일들이 왕왕 생기기 때문이다. 일이 손에 익으면 어느새 리스트 없이도 업무가 순조롭게 이루어지지만 초기에는 체크리스트가 도움이 된다.

플로리스트 직무를 정확히 설명한다

식물을 다루는 직업으로 전문성과 지식이 필요하다. 작은 상품부터 대형 상품까지, 단시간부터 장시간의 작업까지 모두 소화할 수 있는 정신력과 체력을 가져야 한다는 것, 나아가 독창적인 상상력과 예술적 표현을 발휘해 절화를 사고, 상품을 제작해야 하며, 상품을 유지·관리하는 기술을 터득해야 한다는 것을 경험을 통해 깨달을 수 있게 돕는다.

식물을 섬세하게 다루게 한다

생명체를 다루는 직업인만큼 손끝이 섬세하고 조심스러워야 한다. 같은 환경에서 재배한 식물을 사도 어떤 사람 손길을 거치느냐에 따라 유지 기간이 달라진다. 한 송이 한 송이, 소중히 다룰 있도록 노하우를 전수한다.

고객 응대도 중요한 업무라는 걸 알게 한다

플로리스트가 고객에게 믿음을 주지 못하면 고객이 상품에 만족하기 어렵다. 따라서 고객과의 소통은 매우 중요하다. 고객이 원하는 상품을 몇 마디 대화로만 알아채고 제작하는 일이 쉽지 않으므로, 직원이 사장의 곁에서 고객을 응대하는 모습을 자주 볼 수 있게 하는 게 좋다. 어떤 순서로, 어떻게 의사소통해야 하는지 보여주자.

안전하게 작업할 수 있게 한다

뜨거운 물이나 글루 등을 다루어야 해서 화상을 입을 수도 있고, 칼이나 가위를 사용하다 베일 수 있으며, 식물 가시에 찔릴 수도 있다. 바닥에 놓인 무거운 화분이나 꽃을 옮기고 치우는 일도 많다. 따라서 신체 안전에 유의하도록 당부해야 한다. 예를 들어 파상풍 등 예방접종을 철저히 하도록 하며, 사용하는 도구와 장비는 수시로 소독하는 습관을 기를 수 있게 지원한다. 발이 노출된 슬리퍼나 샌들 대신 안전한 신발을 신도록 복장에 관한 팁을 주는 것도 좋다.

직원 근무 매뉴얼

직원 근무 매뉴얼은 플라워숍 업무의 가장 기본적인 원칙이다. 업무가 익숙하지 않은 오픈 초기에는 사장도 매뉴얼을 짚어가며 업무의 기본을 되새길 수 있으며, 성수기에 파트타임 직원을 고용하게 될 때도 직원에게 매뉴얼을 숙지시켜야 업무가 원활하게 진행된다. 다음은 가장 기본적인 근무 매뉴얼이다. 최소한 다음을 숙지하게 하고, 세부 업무는 306~309쪽 매장 체크리스트를 참고하자.

□ 오늘 해야 할 일을 살피고, 우선순위를 점검한다.

본격적인 업무에 앞서 인수인계 내용을 살펴야 한다. 전체적인 일과가 머릿속에 그려지지 않으면 중요한 일을 놓칠 수 있다.

□ 앞치마를 하고 사용할 도구가 청결한지 확인한다.

안전과 관련한 문제다. 본인 도구는 자신이 관리하는 것이 원칙이다. 하지만 직접 관리하는 것에 어려운 환경일 경우 반드시 사장에게 요청해서라도 청결하게 관리할 수 있는 환경을 조성해야 한다.

□ 예약 상품 확인 후 배송 및 픽업 준비를 한다.

인수증에 적힌 상품이 모두 제작되었는지 확인하고, 누락된 것이 있다면 사장에게 빠르게 확인한 후 제작한다. 배송 상품은 업체를 부르고, 방문 수령 상품은 고객에게 연락해준다.

□ 작업대 위는 즉각 작업할 수 있게 청결하게 한다.

깨끗한 것이 보기에도 좋지만, 작업할 때도 빠르고 안전하게 할 수 있으므로 사용한 도구는 바로 제자리에 두고, 작업대 위 떨어진 흙이나 물은 깨끗하게 닦아낸다. 식물 줄기와 잎은 그때그때 버린다.

□ 절화 상태를 확인한다.

절화 상태를 수시로 확인해서 컨디셔닝 해야 한다. 그래야 플로리스트로서 만족할 만한 상품을 만들 수 있다. 더불어 다음 날 영업에 필요한 절화가 있다면 인수인계할 때 구매 리스트에 메모하고 사장에게 알린다. 포장지나 리본 같은 부자재도 마찬가지다.

□ 분화 상태를 확인한다.

고객의 동선에 방해되지 않도록 정리하고, 분화의 상태에 따라 위치를 바꾼다. 물은 사장과 만든 체크리스트를 확인한 뒤 준다.

□ 꼼꼼하게 기록한다.

판매한 상품과 가격, 예약 내역, 구매해야 할 것들, 공유해야 할 사항을 꼼꼼하게 기록해두어야 한다.

□ 고객과 문제가 발생하면 즉각 보고한다.

미리 고객별 상황 대처법을 숙지하는 편이 좋다. 하지만 문제가 발생했다면 혼자 해결하려고 하지 말고 바로 사장에게 알려 해결해야 한다.

부록

유용한 서식

매장 체크리스트 (오픈) 7:00~12:00

구분	순서	점검항목	확인
실내 정비	1	매장 조명, 냉장고등, 간판 점등	
	2	여름철에는 에어컨 켠 후 1~2분간 매장 문 열고 환기 겨울철에는 난방기 켜서 실내 온도 맞추기	
	3	커튼 열기	
	4	컴퓨터, 스피커 전원 켜고 잔잔한 음악 재생	
	5	카드 리더기 켜고 오늘자 장부 현금시재와 금고의 현금시재 맞는지 확인	
주문 처리	1	당일 오전 배송·방문 수령 상품 인수증 확인(필요하다면 예약 시간에 따라 분류)	
	2	상품과 함께 배송될 물품 확인(예: 카드문구, 케이크, 와인, 개인 선물 등)	
	3	배송 상품은 인수증 두 장 작성 후 한 장은 매장에, 다른 한 장은 배송기사에게 전달	
	4	방문 수령 상품은 수령인(주문자) 이름 확인 후 상품 전달	
오픈 청소	1	계절꽃 실외 진열(겨울에는 계절꽃 대신 조화나 크리스마스 상품 진열)	
	2	매장 바닥 가볍게 쓸고 닦기	
	3	매장내외 분화 살피고 마르거나 무른 잎 제거 후 특성 고려해 물 주기	
	4	지저분한 화분 닦고 화분 사이 진열대 쓸고 닦기	
	5	잎으로 숨 쉬는 관엽식물의 잎 닦고 스프레이로 수분 공급	
	6	작업대 정돈 및 닦기	
	7	오래되거나 유행이 지난 상품 확인 후 정돈 및 가격 재설정	

냉장고	1	냉장고 양쪽 문을 반쯤 열어두고 환기(계절에 따라 다르지만 5분 넘지 않게)	
	2	냉장고 안 꽃잎이 떨어진 줄기, 노랗게 변한 잎, 마른 잎 제거	
	3	물통 세척 후 영양제 담은 물 채우기	
	4	재컨디셔닝 후 다시 냉장고에 넣어 저온 저장	
	5	새로 사입한 꽃과 재고 꽃 구별 진열	
	6	냉장고 거울, 앞 유리 등 닦기	
사입일	1	재고 상품 및 물품 정리, 재컨디셔닝	
	2	물통 청소	
	3	새로 사입한 꽃 컨디셔닝	
	4	냉장고 진열	

매장 체크리스트 (영업 중) 12:00~17:00

구분	순서	점검항목
실내 정비	1	플라워숍 청결 유지
	2	작업대 위 불필요한 물건 유무 확인
	3	자주 사용하는 도구 위치 및 소독 여부 확인
	4	냉장고 적정 온도 확인
	5	개인위생 및 복장 상태 확인
상품	1	배송 상품의 배송 상황 및 수령 확인
	2	냉장고 속 절화 상태 및 진열 확인
	3	예약 주문 확인 후 상품 제작(필요하다면 다음날 오픈 직후 배송 상품의 발송 예약)
	4	분화 관리 및 상품 제작
	5	SNS 홍보 작업(사진 촬영)
정산	1	계산서 및 청구서, 영수건 거래처 발송
	2	중간정산(현금, 카드영수증 확인)

※ 영업 중에는 이 모든 일이 수시로 이루어져야 한다.

매장 체크리스트 (마감) 17:00~20:00

구분	순서	점검항목	확인
마감	1	일일정산(카드결제 내역은 가격과 카드사명을 적어 이중 처리되지 않도록 예방)	
	2	상품에 인수증 붙여서 배송·방문 수령 순서에 따라 냉장고에 진열	
	3	다음날 오픈 직후 배송·방문 수령 주문 상품 제작 여부 최종 확인	
	4	사입일이 다음날인 경우 구매 리스트 기입	
	5	앞치마나 유니폼 등 세탁이 필요한 섬유 물품 확인	
	6	도구 소독하기	
	7	바닥 쓸기	
	8	외부 진열 상품 내부로 들인 후 상태 확인 및 보관	
	9	작업대 정리, 매장 바닥 닦은 후 걸레는 깨끗하게 세척 후 건조	
	10	쓰레기는 종류별로 분리해 분리수거장에 내놓기(꽃과 식물은 일반쓰레기로 분류)	
	11	컴퓨터와 스피커 끄기	
	12	간판 및 매장의 모든 조명 소등	

파트타이머 근태 기록부

이름			연락처			
날짜	출근	퇴근	근무시간	연장근무시간	서명	특이사항
합계						

구매 리스트

품명	색상	수량	구매 기한	비고

일별 매출 현황표

년 월 일

매출 내역			
품명	금액	결제 수단	비고
		현금 카드 입금 외상	

지출 내역			
품명	금액	결제 수단	비고
		현금 카드 입금 외상	

현금 매출	
카드 매출	
기타 매출(쿠폰, 페이 등)	
총 매출	
지출 합계	
총 매출 - 지출 합계	

예약 주문서

보내는 분	성함		
	연락처		
	주문일		
인수 방법	발송 / 방문 수령	인수 일시	
제품 유형	꽃다발 / 꽃바구니 / 화병 / 센터피스 / 화분 / 기타:		
가격			
지불 방식	카드 / 현금 / 입금		
받는 분	성함		
	주소		
	연락처		
요청 내용			
메시지	카드 / 리본		
	내용		

인수증 (보관용)

주문 상품	(카드 / 리본)		
인수 일시	월 일 요일 (오전 / 오후) 시 분		
인수 방법	배송 / 방문 수령		
보내는 분	성함		연락처	
받는 분	성함		연락처	
배달 장소				
인수증	상기와 같이 인수함. 20 년 월 일 (인)			
※ 대리 수령	수령인 성함		받는 분과의 관계	

인수증

주문 상품	(카드 / 리본)		
인수 일시	월 일 요일 (오전 / 오후) 시 분		
인수 방법	배송 / 방문 수령		
보내는 분	성함		연락처	
받는 분	성함		연락처	
배달 장소				
인수증	상기와 같이 인수함. 20 년 월 일 (인)			
※ 대리 수령	수령인 성함		받는 분과의 관계